本书得到海南省高校思想政治工作中青年骨干队伍建设项目专项经费及国家社科基金思政课专项《新时代高校网络思想政治工作体系创新研究》(项目编号20VSZ130)资助。

高校辅导员
网络作品创作能力提升

范启标　林　琛／主编

中国原子能出版社

图书在版编目（CIP）数据

高校辅导员网络作品创作能力提升 / 范启标，林琛
主编. --北京：中国原子能出版社，2021.12
ISBN 978-7-5221-1895-6

Ⅰ. ①高⋯　Ⅱ. ①范⋯　②林⋯　Ⅲ. ①高等学校－辅
导员－思想政治教育－工作－研究　Ⅳ. ①G645.1

中国版本图书馆 CIP 数据核字（2021）第 267520 号

内 容 简 介

　　高校辅导员工作要围绕学生、关照学生、服务学生展开，让学生成为德才兼备、全面发展的人才。中国互联网信息中心（CNNIC）调查数据显示：我国网民突破 10 亿，青年学生是其中的主力军。这就要求高校辅导员一定要触网、熟网、用网。本书探讨了高校辅导员对高校学生网络创作的引导、监督、管理等内容，主要分析了当代大学生对网络作品的需求、网络作品的创作保障机制、网络创作的环境、网络创作技巧和高校大学生网络作品创作安全等。本教材适合高校辅导员、高校学生工作人员等借鉴阅读。

高校辅导员网络作品创作能力提升

出版发行	中国原子能出版社（北京市海淀区阜成路 43 号　100048）
责任编辑	白皎玮
责任校对	冯莲凤
印　　刷	北京亚吉飞数码科技有限公司
经　　销	全国新华书店
开　　本	710 mm×1000 mm　1/16
印　　张	7.875
字　　数	125 千字
版　　次	2023 年 3 月第 1 版　2023 年 3 月第 1 次印刷
书　　号	ISBN 978-7-5221-1895-6　　　定　价　86.00 元

网址：http://www.aep.com.cn　　　E-mail：atomep123@126.com
发行电话：010－68452845

前　言

互联网的飞速发展对当前高校人才培养产生了巨大的影响,根据中国互联网络信息中心(CNNIC)2021 年 6 月统计数据显示,我国网民规模达 10.11 亿,手机网民规模达 9.86 亿,中国青年网校园通讯社对全国1220 名大学生进行问卷调查,结果显示:超 4 成学生每天上网超过 5 小时,网络已经成为当代大学生不可或缺的平台。习近平总书记在召开的全国高校思想政治工作会议上强调:"学生在哪里,我们的思想政治工作就要到哪里。"高校思想政治教育工作只有遵循互联网基本规律,创新教育形式,拓展传统教育载体,将互联网融入日常管理中,网络的育人优势才能够得到充分发挥,思想政治教育的吸引力和实效性也才能充分落实,让育人工作因网而生、因网而增、因网而兴。而在以"多元化"为显著特征的互联网空间中,网络作品创作始终是决定网络育人生命力和影响力的根本,习近平总书记在党的新闻舆论工作座谈会上强调,内容永远是根本,媒体融合发展必须坚持内容为王,以内容优势赢得发展优势。"内容为王"是网络育人在"多元"冲击下突出重围、抢占高地的"黄金法则"。而作为网络育人主力军的辅导员,应立足学生的内在需求和特点,不断提升自身网络育人的素质和能力,掌握网络作品创作技巧,以润物细无声的方式,把育人的要素融入网络作品当中,为当代大学生打造一份"工艺"精湛、"配方"新颖、"包装"时尚的网络精神大餐,构筑新时期网络育人新高地,培育面向新时代蓬勃发展的新青年。

本书从高校网络文化概述、当代大学生对网络作品需求分析、高校辅导员应具备的网络育人素养、网络作品发布平台介绍及运营、网文创作技巧及案例分析、短视频作品拍摄技巧、高校大学生网络安全教育等方面,对高校辅导员如何提升网络作品创作技能和网络育人水平做了系统的介绍和阐述,旨在引导辅导员重视网络,敢于触网,善于用网,用互联网的思维,贴近学生,和学生打成一片,用网络作品丰富工作内涵,通过学生喜闻乐见的方式培养学生,影响学生。真心希望辅导员看到本书后,能有所收获,运用本书介绍的经验和技术,创作出更多优秀的作品。由衷希望高校管理者看到此书后,能高度重视网络育人,把优秀的网络作品纳入评价体系,培养出一批优秀的网络名师,不断丰富高校育人内涵,繁荣高校网络文化,培养出一批又一批拥护党的领导,热爱社会主义,立志为中华民族复兴和中国特色社会主义事业奋斗终生的有用人才。

本书编写组

2021 年 12 月

目　录

第一章　高校网络文化概述

　　网络的内容建设是网络建设的重要组成部分,而能否创作出优秀的网络文化产品,则关系到网络内容建设的成败。互联网和新媒体改变了文化形态,催生了一大批新的文化类型,要适应新形势发展,就必须抓好网络文化作品的创作。要想赢得广大网民,最关键的还是创作出在内容上有深度、感情上有温度的网络名篇佳作,讲好中国故事,讲好百姓故事,讲好身边故事,弘扬网络正能量。当代大学生基本上是"95后""00后",其成长历程和互联网进入我国的发展历程大致重合,可以算作是典型的"数字时代原住民"。他们更习惯于可视化、图解、动漫等传播形式,因此,要想在信息爆炸的网络中赢得主动,就需要使得我们创作的网络产品更加贴合广大师生的接受特点和需要。

第一节　网络文化概念

　　自从计算机网络出现,网络文化即开始出现。最初的网络文化还是其他人类社会文化的特征以及计算机文化的特征。网络文化作品的定义至今尚未统一。网络文化涉及面广,影响深远,从不同的角度看,会得出不同的定义。准确地认识和把握网络文化内涵,必须与时俱进,站在时代的新起点上,以新的理念、思维作为分析、评价的准绳。

一、网络概念

　　网络文化概念中所指的网络,其内涵随着时代的发展和技术的进步而不断变化。从广义上讲,网络文化所指的网络应包含所有可以传输电子信号或无线电信号的网络,包括:电报网、无线广播网、卫星广播网、固定电话网、电视网、互联网、移动电话网、寻呼网、计算机局域网、计算机广域网、无线局域网等。从最小意义上讲,则仅包括互联网,高校绝大部分大学生更多只接触互联网,特别是以移动互联网为主的网络。当前网络的最大价值是提供信息通道,将人类个体与社会联系起来,随着互联网技术的不断发展,网络相互渗透和融合,形态变得越来越复杂,呈现出你中有我、我中有你的态势,"一网多用"成为网络技术的发展潮流。

二、网民概念

网民是一个没有确切定义的名词,对应的英语单词是 Netizen。Netizen 是一个复合词,来源于网络(Net)和公民(Citizen)。按照狭义理解,网民指的是互联网的经常使用者。"经常"是一个不确切的频度,在统计学上,对于使用网络的频度存在不同的划分。按照中国互联网络信息中心(CNNIC)过去的定义,网民是指平均每周使用互联网至少 1 小时的 6 周岁及以上的公民。2007 年 7 月,CNNIC 将这一定义修订为半年内使用过互联网的 6 周岁及以上的公民,与以往的统计口径相比,新定义的统计口径大了许多。截至 2021 年 6 月,我国网民规模达 10.11 亿,较 2020 年 12 月增长 2175 万,互联网普及率达 71.6%,人均每周上网时长为 26.9 个小时。十亿用户接入互联网,形成了全球最为庞大、生机勃勃的数字社会。

三、网络文化概念

对网络文化进行研究,要重视互联网,但不能仅仅将目光局限于互联网,也不能将目光停留在现有的网络用户身上。网络文化作为一种拥有先进技术的文化,具有极强的渗透力,它的影响常常是全方位的、全体性的。网络文化是文化的一个子集。文化是一个内涵和外延都很丰富的定义。文化一词拉丁语称"colere",本意是耕作土地。关于文化的定义有 300 多种,西方最早给文化下定义的是英国的爱德华·泰勒,他将文化定义为包括知识、信仰、艺术、法律、道德、风俗以及作为一个社会成员所获得的能力与习惯的复杂整体。

维基百科对网络文化（Cyberculture）的定义是：由于将计算机用于沟通、娱乐和商务而出现和正在出现的文化。有学者从传播学的角度，将网络文化定义为一种新型媒介文化，是人们以计算机网络为媒介所进行的特殊方式的传播活动及其产物。上述两种定义都有一个缺陷，没有考虑到网络本身也是一个发展中的概念。过于重视网络的媒介功能的偏颇。

事实上，文化的主体和客体都是人本身，文化对于经济、政治、社会的能动作用，也是通过对人的影响来实现的。结合当前我国网络文化建设与管理工作的实际，本着对高校大学生思想教育有利方面，着重从育人功能层面对网络文化进行阐述：网络文化是人们与网络相关的生活、学习、娱乐、工作方式及其产物，网络文化建设与管理的对象，主要是指网络相关活动中的道德伦理、社会行为、语言、文学、艺术等精神活动及有关的产品、内容和提供的服务。

四、网络文化作品

鼓励创作优秀网络文化作品是高校育人工作的重要手段之一，利用优秀网络文化作品开展教育教学已成为教学改革的重要内容。线上授课等形式在高校教学模式的比重不断上升，疫情期间更是几乎占到了全部。优秀网络文化产品可以增强思想教育的实放性，提升高校管理服务水平，在校园学生事务管理、信息资源整合、远程教育、价值渗透、激励机制、凝聚力等方面发挥重要作用。可以预见，在 5G 时代，大学生对网络学习的需求将更加强烈。优秀网络文化作品是打造良好育人网络环境的重要支撑。随着社会科技经济的迅速发展，网络已成为各大势力竞相争夺的主战场。大学是人生观、世界观、价值观形成的关键时期，网络文化作品的过度娱乐化、低劣化、媚俗化对大学生三观的塑造有非常强的负面影响。高校只有营造清朗、理性、法治的网络环境，抢占好网络阵地，才能最大限度发挥网络的正能量，助力大学生成长成才。优秀网络文化作品是提升高校管理服务水平的重要手段。

五、网络文化作品类型

网络文化产品大体可分为文本、图片（含动图）、影音频、游戏、各类小程序等，各类产品可以交叉组合。根据教育部每年举办的优秀网络文化艺术作品评选来看，主要有以下类型。

（一）微视频作品

一般分成纪实纪录、卡通动漫、创新创意三种类型，视频要求画面清晰，声音清楚，内容配字幕，时长小于 1 分钟，重点反映当前高校大学生学习、生活、工作等方面积极健康的一面，此类作品主要传播小的知识点，传达积极向上的思想观念，或者指引养成一种好习惯。

（二）微电影作品

微电影作品必须为原创。类型包括：剧情类和综合类（不含动漫）。作品为 AVI、MOV、MP4 格式原始作品，分辨率不小于 1920px × 1080px。作品时长原则上在 10 分钟以内，适合互联网传播。要求画面清晰，声音清楚，提倡标注字幕。此类作品重在传播优秀典型，弘扬民族精神，激发奋斗意志。

（三）动漫作品

动漫作品类型包括：漫画作品和动画短片。漫画作品一般为四格漫画（以四个画面分格来完成一个小故事或一个创意的表现形式）或单幅插画。画稿要求基于 A4 尺寸（210mm×297mm）纸张创作的作品，画稿四周请保留各 2cm 空白，要求画面清晰、标明页数；基于计算机或移动设备的新媒体作品，应符合手机动漫行业标准等规范。阅读顺序可根据个人习惯选择从左到右或从右到左。动画短片格式须为 AVI、MOV、MP4 格式原始作品，分辨率不小于 1920px×1080px，作品时长原则上在 10 分钟以内。此类作品重点在培养学生网络作品创造热情，提升计算机运用水平，丰富校园文化生活。

（四）摄影作品

以图片方式展示时代风貌、校园风采、社会纪实、自身创意，一般格式为 JPEG，保留 EXIF 信息，每组作品不超过 6 张。此类作品难度最小，参与面大，目的在提高大学生摄影技术，增强审美水平，提升高校美育成效。

（五）网文作品

作品从青春梦想、时事评论、艺术文化、社会实践等角度，以网络文章或网络文学作品的方式，向社会进行展示。一般字数不超过 5000 字，可在文章中配图、表。此类作品门槛低，可长可短，方式灵活，能很好提升大学生写作水平，掌握大学生思想动向。

（六）公益广告作品

围绕弘扬爱国主义精神、建设清朗网络空间、社会各类公益事业等为主题，设计面向社会公众，传达爱国热情或公序良俗，导向鲜明、富有内涵、鼓舞人心的优秀公益广告作品。分为平面广告类、视频广告类。平面广告类含报纸杂志广告、海报设计、漫画等平面广告作品。视频广告类含微视频、微电影、动画片等，要求画面清晰，声音清楚，重点内容配字幕。此类作品重点在于激发大众的道德情感，引导大众正确的价值取向，提升大众的道德认识。

（七）音频作品

音频诵读作品，体裁不限，可包含诗词、散文、小说、故事等多种类型（不包含歌曲），鼓励原创，时长一般不超过 5 分钟。

（八）原创校园歌曲作品

校园原创歌曲分为原创和改编两大类。原创作品是指完全自主作词作曲的音乐作品，或借鉴部分现成作品的音乐元素创作的音乐作品；改编作品是指在该作品首发表演形式的基础上进行改编和创新的二度创作作品。所有作品可制作成微视频展示，利用互联网音乐或微视频平台增加网络人气,扩大影响力。

(九)其他类网络创新作品

包括长图、H5 页面、微信推文 3 个类别的网络创新作品。长图类以图片为主,H5 页面是一个网页,就像一个很大的容器,里面可以放文本、图片、音视频等基本的流媒体格式的文件。微信推文是通过微信公众号推送的作品,可以传播知识,通知事项,宣传活动,提升影响力等。

六、网络造成的影响

近十年来,全球互联网发展迅速,高速信息网络的建立为大量信息资源的传播提供了条件。现在网络依赖于其独特的自主性、平等性、交互性、开放性、便利性和拥有大量信息,以前所未有的速度产生影响。在大学校园里,大学生是全社会最有创造力的狂热者和超越者。一个有意识的团队,对先进的知识和技术具有独特的意识和兴趣。他们可以在互联网上浏览信息、搜索学习资料、听讲座和做实验。选择自身喜欢的信息,自由表达自身的想法,让各种角色更轻松实现现实中难以实现梦想的社会角色。鉴于这种想法、身份和情感的偏好,互联网成为大学生的命脉。作为一个有机组成部分,积极思考的大学生更容易接受网络文化的传播。

(一)积极影响

一是改变了传统的学习模式,得到了更多学习技能,拓展了学习边界。二是网络信息的超文本形式,非常适合培养创新意识。帮助学生形成跳跃、非线性思维。三是网络提供的互动空间,是缓解大学生心理压力的理想场所。大学生健康心理标准的发展改变了他们交往的方式。在网络的虚拟空间,你可以畅所欲言,释放压力,放松心情,减轻压力,为更好地学习创造更好的身心环境。

(二)消极影响

一是网络上的一些错误信息很容易引起年轻学生的混淆。二是无休止地上网,很容易使大学生沉迷于网络。网络游戏、QQ、网络约会等新颖的网络内容会让学生整天沉迷于网络。结果,在现实世界中,沟通能力下降,且逐渐对现实世界失去兴趣。三是网络便于掩盖大学生不断增加的网络不道德行为。

七、网络文化作品存在的问题

(一)创作主体单一,缺乏统一平台

当前,高校网络文化作品的创作大多是由学校负责宣传的教师以及分管此类工作的思政工作者承担,作为主要研究思想政治教育主题的思政课教师和辅导员参与不多,特别是没有充分调动广大师生参与其中。网络作品自上而下创作产生,不能很好地满足学生的需求,凸显学生关注的话题,最终导致作品的影响力和传播力有限,难以达到立德树人的育人目标。此外,目前各高校网络文化作品的创作者或团队基本上是自成一派,彼此间的交流互动很少。高校也很少搭建统一的平台整合相关资源,为网络文化作品的创作提供支持。

(二)运行保障机制不完善

高校网络文化作品创作过程中的运行保障机制不完善,阻碍了优秀网络文化作品的产出。一方面,缺乏激励机制。没有足够的政策鼓励,创作很难持续下去。虽然校园内存在一些创作团队,但大多限于文艺特长生及热爱创作的少部分人群。从整体上来看,百花齐放、百家争鸣的创作氛围尚未形成,不利于网络文化作品的可持续发展。另一方面,优秀网络文化作品的产出需要创作者具有较高的业务素质和水平。由于能力水平的局限,以及创作本身存在的困难,创作者不可能一直保持丰富的灵感和高质量的产出。需要专业的辅导和培训机制为网络文化作品的持续产出提供保障。

(三)作品评价标准不规范

习总书记在2014年召开的文艺工作座谈会上指出:文艺作品的评

价标准就是作品要经得起人民评价、专家评析和市场检验。当前国内高校网络文化作品质量参差不齐,作品的思想性、文化性、情感性、故事性不强,吸引力不够,不能满足广大师生的使用需要和精神需求。同时,信息化时代,大学生倾向快餐式、娱乐化阅读,优秀长篇网络文化作品常常陷入叫好不叫座的尴尬境地。因此必须制定科学、规范的评价标准,确保高校网络文化作品在内容上、情感上获得大学生的喜爱和支持。

第二节 网络文化作品对当代大学生的影响

大学生是网络使用的重要群体,也是高校网络文化的受益者和传播者。网络文化已成为大学生日常文化生活的重要组成部分,是高校利用网络工具向大学生传播大学文化和诠释大学人文理念的有效形式。本节重点探讨校园网络文化对大学生的学习、思想、职业发展和社会交往的影响。

一、高校网络文化是提升大学生学习效力的有效形式

随着互联网的迅速普及,网络以极快的速度走进大学生的学习生活。高校校园网络文化是高校校园文化特色的集中体现,通过为在校学生提供优秀的网络服务和网络教育平台,帮助大学生形成新的学习理念和学习途径。

(一)学习理念的更新

校园网络文化更新了传统教学理念,对传统意义上的教育权威提出了挑战。互联网加速了知识的"裂变",大学生抱着质疑、批判的精神去领会教师所传授的知识。丰富的校园网络文化成果集成了校内各种优秀资源,公众号、订阅号、视频号、微视、抖音、快手、博客等,为大学生提供了良好的自我教育环境,在讨论交流中体会浓郁的学术气氛,提升大学生的学习自主性。

此外,传统的教学组织形式多以班级授课为主,逦过共同学习的方

式培养人才,但这种方式容易产生"模式化"人才,即过分注重共性而忽视人才的个性化培养,不利于大学生的成长进步。高校校园网络文化教育形式从学生的主观意愿和主观喜好出发,注重学生的志趣培养。通过网上获取信息及网络教学的方式为大学生提供方便、快捷的网络教育渠道,大学生可以从浩如烟海的资源中选择自己喜爱的学习内容,在完成学校规定的专业课学习任务之余,丰富自己的个性化学习,弥补传统教育的不足。大学生多种多样的学习兴趣和高涨的学习热情,从根本上颠覆了高校传统学习理念。

(二)学习途径的变革

传统的学习途径主要是通过纸介书本,而在当今社会,网络则成为大学生获取知识的新途径。首先,丰富、翔实的校园网络信息资源为大学生学习资料查询提供方便快捷的便利条件。大学生可以通过网络中下载文献、报告、考试真题的形式,直接、快速地获取学习所需要的信息资源。其次,网络各类学生喜闻乐见的各类平台的广泛使用成为大学生学习交流的有效形式,内容丰富的各网络平台已经成为校园网络文化的一道亮丽风景,大大提高了大学生的学习能力。

(三)过度依赖网络是大学生学习成绩不理想的主要因素

网络具有开放性,它不受宗教、地域、身份、国界的限制,大学生可以根据个人的喜好和需求迅速了解世界各地的文化信息和新闻趣事,实现信息的跨时空连接。同时,网络具有即时性、互动性,其承载的资源内容丰富,形式多样,画面色彩亮丽。这对于好奇心强的青年大学生极具诱惑力,以致部分大学生面对良莠不齐的文化资源缺乏对信息的价值评价和理智选择,产生思想上的困惑,耽误学业,精神萎靡,甚至改变性情,发展到人格分裂的程度。还有部分学生对网络极度迷恋,过度依赖网络,每天花大量时间玩网络游戏,身心受损,学业荒废。据中国互联网络信息中心调查,中国青少年网民使用网络游戏的达到 77.2%,高于整体网民。校园网络文化的丰富资源存在着引诱、误导学生思想行为的风险与隐患,这就需要大学生在网络学习过程中培养抵御不良思想文化的坚毅品格,对丰富的文化资源取其精华,去其糟粕,提高对校园网络文化中优质信息的辨识力。

二、高校网络文化对当代大学生职业发展的影响

（一）校园网络文化对大学生创业的影响

面对严峻的就业形势，创业成为许多高校毕业生的新选择。除了选择实体创业形式外，大学生网上开店的人数也在逐渐增加。这主要有以下几个原因：一是大学生更容易接受新生事物，对网络的使用熟练；二是网上开店方便、快捷，不需东奔西走，大大节省了开店的房租成本；三是当代大学生多是张扬个性的群体，他们更希望能够自由、自主地选择网店的设计风格、商品的种类和销售方式；四是当前各类网络直播平台，对大学生更加亲和友好，大学生优势明显；五是各类网络作品还经常传播各类立志故事、创业视频，宣传创业典范，通过正能量的传递鼓励大学生在艰辛的创业路途上拼搏奋进，永不言败。

（二）高校网络文化对当代大学生就业的影响

高校网络文化是以大学生的学习、生活需求来进行文化内容建构的，网络文化建设的意义主要体现为"以学生为本"，即学生的基本需求是进行校园网络文化建设的根本，不仅要满足大学生的精神文化生活，更重要的是解决大学生的实际困难。就业是大学生完成学业走向社会的有效途径，也是学生向社会人身份转变，得到社会认可的根本方法。当前形势下，大学生实现有效就业面临两难困境，一是用人单位选聘人才，名牌高校情节较严重；二是毕业生专业本位思想严重，就业收入心理预期值较高，多选择环境好、名声好、待遇好的"三好单位"。此外，用人单位与高校毕业生获取就业信息不对称，也是制约大学生就业的障碍。面对此种形势，许多高校针对就业需求和就业困难建设了一大批网络作品，设置了许多栏目，对大学生就业有很大的影响和帮助。如：通过网络随时更新全国的就业信息，帮助大学生及时掌握就业形势；举办"线上线下招聘会"，及时、快捷地帮助大学生寻找适合自己的职位；结合毕业生对就业政策、就业程序不了解，通过视频、推文等方式，为大学生如何谋职指点迷津，提升大学生的就业成功率。可见，校园网络文化改变了大

学生的就业行为方式,打破了大学生奔赴各种招聘会现场忙碌、紧张的传统模式,为大学生的职业发展提供资源和动力。

三、高校网络文化对大学生人际交往的影响

(一)网络文化密切了同窗之情,加深了师生之义

利用网络的互动和交流,为同窗之间、师生之间的情感提升开辟了便捷途径。网络的空间距离使同学间的交流产生神秘感和亲切感,通过网络连接,同学间可以畅所欲言,分享快乐,还可以宣泄情感,吐露心声,在网络的互动下,形成和谐互助的校园文化氛围。同时,通过 QQ、微信、抖音、快手、微博、B 站等平台,大学生还可以寻找与自己志同道合的朋友,开拓人脉资源,增进友谊。此外,网络的空间距离也为师生间建立了彼此信任、理解的信息化平台,有些高校专门设立网络心理咨询教师,与学生建立心灵交流的桥梁,帮助学生解决思想上的困惑和成长中的烦恼,还有的学校建立心灵辅导工作室,由专职辅导员轮岗值班,通过线上聊天的形式了解学生的思想困境,设身处地地为学生进行心灵安抚和精神慰藉,解决大学生的实际心理困难,在与大学生真实思想情感的交流中,实现真实可信的思想教育。

(二)丰富的网络文化生活,有利于提高大学生人际交往能力

在网络交往过程中,由于交往对象的广泛性,大学生可以进入任何平台,参与自己喜欢的活动,并对自己热衷的话题发表观点和意见,与其他同学展开讨论。这种匿名参与的方式,增强了大学生的主体意识,激发了大学生对现实社会问题的思考与认识,尤其是对性格内向、少言寡语的学生,可以充分培养其自信心和语言表达能力,同时也弥补了大学生缺少现实社会文化生活教育的不足。此外,校园网络文化还为大学生提供了丰富的网络课余活动,游戏、音乐、影视、聊天、创作等,极大丰富了大学生的课余文化生活。校园网络文化改变了当代大学生的社交方式,影响了大学生的社交观念,提高了大学生人际沟通交流能力。

(三)容易使部分大学生陷入网络虚拟世界,产生避世心理

大学生的生活与校园网息息相关,他们运用网络进行购物、交友、学习、娱乐等各种活动,他们是信息化浪潮的弄潮儿,但由于网络社交的隐匿性特点,使得人与人之间的沟通交流覆盖上神秘的面纱,安全性没有保障,加上网络社交缺乏有效的约束机制和监督机制,造成大学生责任感的缺失,道德约束力减弱。一些自制力弱的大学生出于好奇心在网络中搜集暴力、色情等垃圾信息,以此宣泄自己压抑的情感。还有些大学生,利用网络盗取他人信息,从事违法犯罪活动,增加了网络交往的非安全性。此外,网络社交还容易产生避世心理,随着大学生上网的时间越来越长,其对网络的依赖性也越来越大,"人—人"交流变成了"人—机"交流,导致生活中的现实交往减少,群体意识减弱。这种行为长期发展下去会造成过分眷恋网络和依赖网络,造成现实社会中人与人之间产生隔阂,有的大学生甚至还患上了社交恐惧症,逃避现实生活,否定现实社会,成为社会发展进步的不稳定因素。

四、高校网络文化对当代大学生思想的影响

(一)先进网络文化作品是引领大学生思想文化的主流模式

先进的校园网络文化作品对于提升大学生思想教育水平具有重要意义。校园网络文化的功能主要表现在"服务""教育""管理""娱乐"四个层面。"服务"功能是指大学生利用网络的便利条件实现网络学习,浏览信息,查找资料,生活帮扶的目的。"教育"功能是由大学进行人才培养的主旨目标决定的。人才的培养,注重德才兼备,以德为主。"管理"功能是指通过网络对学生数据、行为规范、考核评价、奖惩等进行管理。"娱乐"功能重点让大学生在网络结交新友,娱乐身心,增长见闻。大学生的世界观、价值观、人生观还处于成型的关键时期,意志力薄弱,更重要的是它利用大学生强烈的好奇心将低俗的文化隐藏在新鲜刺激的表现形式中,网络的不良信息较容易侵染大学生,使尚未成熟的大学生的价值标准和价值选择在多样化中陷入混乱,诱导大学生误入歧途。因此,要坚持以中国特色社会主义理论体系指导高校网络文化作品建设,

让先进的校园文化作品占据网络主流。先进的校园网络文化使大学生受到大学优秀文化成果的熏陶和感染。大学文化是大学生在知识传承和思想创新的过程中,形成的一种具有大学特质的文化,是社会文化中较高层次的文化。高校网络文化作品是高校利用网络工具向大学生传播大学文化,传递大学精神而凝结成的一种网络意蕴。因此,它是大学文化的一种网络表现形式,它具有传承性和辐射性。传承性表现为大学文化及大学精神通过网络手段一代一代地永续传承。这些成果与精华源源不断地传递给在校的每位大学生,使大学生以坚守优秀传统文化为己任,并将其不断地发扬光大。辐射性表现为将大学文化气息与意蕴向大学的每个领域扩散、传播和渗透,使大学生在学校的生活学习中感受大学优秀文化成果的熏陶,以此培养学生高尚的情操和完美的人格。

(二)具有亚文化色彩的网络语言的滋生蔓延冲击主流文化

随着大学的开放式发展,大学与社会的联系愈加紧密,校园文化与社会文化之间的交流空前增多,网络成为校园文化与社会文化连结的纽带。网络文化作品也难免受到社会消极、腐朽文化的侵染,在校园文化的广泛传播过程中,对大学生的思想文化认识产生某种程度的不利影响。互联网带来的信息全球化给一些势力和组织提供了便捷通畅的渠道,引诱大学生沾染淫秽色情、凶杀暴力、封建迷信等不良信息,这种明显带有亚文化色彩的网络话语在青年大学生群体中得到广泛传播,对大学生的思想文化提出挑战。由于网络文化孕育出的网络话语体系具有多样化、不规范、娱乐性强的特点,因此,这些网络话语更新、传播的速度非常快,甚至成为社会主流文化的另类表现,从而引起大学生内心深处对网络话语和社会主流文化的强烈冲突,混淆大学生对社会主义先进主流文化的正确认识。

第三节 新时代网络文化作品的发展方向

十部委组织的依法打击网络淫秽色情专项行动正在全国各地深入开展之际,中央政治局召开会议,对网络文化建设工作提出了一系列具体要求。新时代网络文化作品发展方向，就是要紧跟国家政策，用优秀的中华民族文化和中国特色社会主义理论做指导，凸显互联网技术，做好安全应对，加强队伍建设，做好监督和管理，充分发挥互联网在我国社会主义文化建设中的重要作用，不仅有利于提高全民族的思想道德素质和科学文化素质，有利于扩大社会主义精神文明的辐射力和感染力，有利于构建社会主义和谐社会，而且也有利于网络的管理，用优秀文化占领网络阵地。

一、发展网络技术，拓宽网络文化作品发展空间

为了保证我国网络文化的健康发展，必须大力发展网络技术。瞄准世界文化科技发展的战略前沿，加强数字技术、数字内容等核心技术的研发和应用，掌握自主知识产权，提高文化装备制造技术水平；要进一步加大新一代网络、"防火墙""电脑密码"等重点领域的技术攻关和研究开发力度，着力构筑政治、经济、文化等领域的过滤网站，抵御破坏性信息侵袭的同时，保证网络文化的优秀成果能更快地传输到各个相关领域；要开发集思想性、知识性、教育性、艺术性、娱乐性和易操作性于一体的宣传教育软件，占领网络文化前沿阵地，改进传播民族优秀文化作品的手段；积极开展与各国政府及相关国际组织在互联网技术、标准规范、资源分配、网络接入、互联网治理等方面的交流与合作，建立有效的沟通协商机制，促进互联网快速健康发展。

二、发展网络文化产业，用优秀文化成果占领网络阵地

要以先进文化引领网络文化，必须以强大的民族网络文化产业为支撑，不断提高优秀网络文化产品和服务的供给能力；要以市场为依托，不断提高网络文化产业的规模化、专业化、国际化水平，形成一批"立足中国、放眼世界、社会责任感强"的网络文化骨干；要以网络产品为基础，不断增强我国网络文化产业的自主创新能力，努力推动网络文化产品的创作和生产向原创为主转型升级；以中华民族文化为重点，创新文化服务方式，大力加强数字图书馆、博物馆、文化馆、艺术馆建设，努力形成一批具有中国气派、体现时代精神、品位高雅的网络文化品牌；要加强战略研

究,制定产业发展中长期规划,建立网络文化产业协调机制,优化网络文化产业企业发展的基础环境,指导规范网络文化产业健康发展;要建立网络文化产业高端交流平台,展示、交流网络文化产业新进展、新成就,提高网上公共文化服务水平,引领网络文化产业良性运行。我们自己的网络文化产业发展起来了,网络文化坚持先进文化的前进方向,就有了切实可靠的保障。

三、建设网络文化创作队伍,为网络文化发展提供人才支撑

网络文化队伍既包括网络文化的建设人才,也包括网络文化的管理人才。面对新兴的网络文化产业,人才短缺是一个重要的瓶颈。不仅数量上不足,而且人才构成也不平衡,高端人才稀缺,中低端人才也十分紧张。繁荣网络文化,造就网络文化产业人才,首先要着力培育网络文化创意、技术、管理、营销等专业人才,努力形成一支与市场相适应、与品牌相适应、与我们的经济规模相适应的网络文化队伍。其次,要优化人才成长的体制机制,从政策、环境等方面,为网络文化产业人才创业发展提供良好条件。再次,要建设互联网信息服务从业人员的准入机制,积极引进在国内外文化产业运作方面有经验、有水平的高端人才,投身我国网络文化建设。同时,还要建立网络空间教育与现实空间教育一体的教育体系,进一步提高人们利用网络的能力和网络文明素养。

四、加强网络文化作品监管

网络文化作品监管是当前的一个社会性的课题。如何通过创新与规范,促进网络文化的和谐发展,已经成为文化发展和创新的要求。加强网络文化监管,就是要充分适应信息技术的发展和形势的变化,积极实施网络文化管理的监督职能、引导职能、规范职能、惩戒职能,加快建立法律规范、行政监督、行业自律、技术保障相结合的网格文化管理体制和机制,推动网络文化健康发展。要加强网络安全体系建设,通过研制

和开发先进的防范病毒传播和破坏计算机系统的软硬件技术,建造防火墙,启用分级过滤软件,对网上内容进行甄别,将危害国家安全、破坏社会稳定以及淫秽色情等有害信息的网站予以屏蔽、过滤。要通过思想政治工作和网络伦理教育,促使人们自觉树立起网络自律意识,遵守网络道德,不断巩固网上社会主义思想阵地。

第二章　当代大学生对网络作品需求分析

面对网络,我们既不能一味地夸大其负面影响,也不能不加思考的进行推崇,为建设和谐的新时代的网络公共空间,促进大学生健康成长,我们必须对高速发展的网络时代大学生的互联网行为进行全方位的合理引导。引导大学生拥有良好网络行为,关键不仅在于是否有一个良好的网络环境,还需要努力的是关于网络方方面面的问题。加强网络思想政治教育,引导大学生健康的网络行为,不仅仅是高校教育的紧迫任务,也是政府、家庭不可回避的话题,必须从政府、高校、家庭以及大学生自身等方面加强网络思想政治教育建设。

第一节　大学生网络行为分析

现如今,互联网的飞速发展引起了社会科学学者对于网络行为的密切关注。当代大学生网络行为中占主导地位的行为包括:信息获取、交流沟通、网络娱乐和网络交易。大学生网络现状行为给高校思想政治教育带来许多挑战,我们希望通过对大学生网络行为的分析,能够寻找出一条能够正确引导大学生规范行为的道路。

一、大学生网络行为特点

(一)易沉浸于网络世界

大学生日常生活离不开自媒体。有人说:人类正在从"信息化"生存向"后信息化"生存转变;从"本地化"生存向"泛在化"生存转变;人类不仅现实生存,也虚拟生存。互联网封锁功能使任何人都可以暂时消除现实的混乱。大学生的人际交往是建立在媒体本身的基础上的。微信、微博、QQ、抖音、B站等覆盖了很大比例的大学生,多种聊天方式、朋友圈和信息发布功能,可以随时互动交流。然而,媒体空间本身的交流可能会导致我们更多地忽略现实中的交流和我们周围的人。大学生中越来越多的"低头族"满足于虚拟世界而回避现实中的互动,这可能使他们在未来更加难以融入社会。除了网络信息本身内容的娱乐性外,八卦和笑话也很流行,而媒体本身杂乱无章的表达方式会动摇传统价值观,加剧现代危机,削弱头条新闻中的非理性思维。

(二)使用频繁,而上网目的性不强

学校机房和社会网吧的设立,家庭和个人电脑的普及,手机和平板电脑广泛使用,使得当代大学生上网的条件越来越便利,上网的频率也越来越高。网上的信息资源十分丰富,在浩瀚的网络海洋里,如果正确的选择使用网络信息,当然可以汲取到大量的有益信息,但大量无用、编造的信息也开始在网络上泛滥。我们很难在极短时间内从众多信息中成功提取出自身所需的信息,所以在信息探索上效率不高,在这个过程中我们极易被其他抓人眼球的信息所吸引,从而浪费更多时间在网络上,同时,触手可及的网络常常是大学生打发时间的首选,也使得大学生使用网络时没有明确目的,变得混乱并容易受到不良信息的影响。

(三)自我规范意识不强

大学生在网络上寻求心理认同,在现实中,大学生的很多需求可能没那么容易得到满足,比如情感宣泄、自我表达、情感交流等。大学生是网络中相对活跃的用户群体,一般来说,评论频繁的网络成员,可以表达自身清晰的观点,并且常通过一个明亮幽默的故事来表达。他们的意见往往会引起广泛的关注和讨论。在网络上沟通自己,表达自己,与每个人互动。但是,由于对网络上自我行为约束不足,责任心薄弱,许多大学生认为网络是完全自由的法外之地,由于其保密性而无视网络规范,发布一些不准确、淫秽和粗鲁的信息。当下还有很多通过网络平台成名的网红,鱼龙混杂,却有极大的影响力,成名的幻想也会促使一些大学生故意哗众取宠从而导致网络平台更加混乱不堪。

二、大学生网络行为分析

(一)信息获取行为

互联网的飞速发展,推动了大学生获取信息的革命。当前大学生在网络上的信息获取行为具有以下特点。第一,搜索引擎、网络新闻和博客成为大学生获取信息的重要信息源。据调查,86.9%的大学生通过搜索引擎获取信息,84.5%的大学生通过网络新闻获取信息,24.5%的大学生通过博客获取信息。搜索引擎成为大学生获取网络信息最重要的信息来源。第二,碎片化传播引发大学生信息迷茫,对真实信息的渴求,对虚假信息的判断难度加大。所谓碎片化传播,主要是指完整的信息通过网络、手机、博客、微博等媒介的再编辑与传播呈现块状、零散的描述形式,导致信息、受众与媒介细分化的现象。网络信息的零散传播并不能保证信息披露的完整性,容易导致信息失真,导致大学生判断错误信息从而得到真实信息非常困难。第三,信息阅读方式从传统阅读转向浅阅读,在信息阅读中表现为片面化、浅显化、娱乐性。网络时代,大学生不仅应追求阅读的层次,更注重阅读过程中的心理和情感体验。在阅读网络信息时,优先考虑图文信息和视频音频等娱乐信息,不看本质,只看部分,不看整体,停留部分。

(二)交流沟通行为

网络交流已成为当代大学生社会交流的一种新型交流沟通模式。大学生的交流行为呈现以下特点:一是大学生使用互联网应用的比例高于其他社会群体。调查显示,即时通信、微博、电子邮件和论坛/BBS在大学生中普及率分别为96.2%、60.6%、56.7%和30.9%;二是即时通信已成为大学生交流沟通行为的主要方式。根据中国互联网络信息中心《2020年中国青少年上网行为研究报告》,即时通信在大学生的普及率为96.2%,在各类网络应用中普及率最高。QQ再次超越微信,成为大学生最常用的即时通信手段;三是异步网络人际沟通和同步网络人际沟通并存。大学生交流沟通行为不仅存在以 QQ 为主要表现形式的同步人际沟通,还存在以微信、微博客、弹幕等为主要表现形式的异步人际沟通;四是近年来 SNS 社交网站的兴起,将大学生的在线交流行为带入了社交网络的新时代。以微博、知乎、贴吧为代表的 SNS 主要用于陌生人之间的交流,而微信、QQ 成为同学、朋友和老乡等熟人之间交流的主要手段。

(三)网络娱乐行为

网络新媒体为大学生提供个性化娱乐,在线娱乐已成为大学生生活中的一大爱好。当前大学生网络娱乐行为呈现以下特点:第一,大学生是网络娱乐行为的主要群体。调查显示:网络音乐、网络视频、网络游戏和网络文学在大学生中的普及率为 81.6%、79.8%、59.4% 和 52.4%;第二,线上娱乐的丰富性和线下娱乐的单一性,大学生网络娱乐现象突出。由于各种限制,大学生很难在物理空间中找到合适的娱乐场所,而互联网可以访问音乐、电影、游戏、文学作品等丰富的娱乐资源。因此,大学生正在寻找在线娱乐自己的方法;第三,由于过度关注网络娱乐,大学生习惯于依赖网络,网络成瘾现象占主导地位;第四,大学生沉迷于网络娱乐,反映了大学生休闲生活的隐私,以及传统班级、师资、其他学校的整体活动对大学生休闲生活的影响下降。

(四)网络交易行为

网络媒体改变了大学生的消费方式和消费行为,网络商务交易已在大学校园中流行起来。大学生网络交易行为体现如下特点:一是大学生网上业务丰富多彩。大学生网上业务主要包括网上购物、团购、旅游预订、网上支付、网上银行和网上理财等;第二,大学生已成为网络交易行为的主要力量,网上购物、团购、旅游预订、网上支付、网上银行和网上理财等互联网商务交易应用在大学生中的普及率几乎达到百分之百;第三,物质消费与精神消费并存。在网络上大学生不仅会出现有网购等物质消费行为,甚至还有旅游预订等精神消费行为的出现;第四,网络交易行为呈现出非理性的消费特征。大学生网络交易行为呈现出从众性、炫耀性、盲目性等非理性消费特征,消费的非理性也引发大学生对自我价值和金钱的再认知。

第二节 大学生对网络作品各类的需求

美国著名心理学家亚伯拉罕·马斯洛提出的需求层次理论是世界的著名理论之一,它是马斯洛在 20 世纪 40 年代所发表的论文《人类激励理论》中首次提出的。其中马斯洛根据人的需求按照由低级到高级分为了五个层级:从最低级的生理需求到基本的安全需求、其次的社交需求以及尊重需求到最高级的自我实现需求。高校网络作品的创作也要契合大学生的需求,解决他们的实际困难和问题,才能使高校创作网络作品在大学生群体中形成市场,产生影响力,真正达到育人成效。

一、情感需求

随着生活消费水平的不断提高,人们购买产品不仅仅是为了得到产品实物,更多的是想要享受购买产品所带来的相应优质服务。每个人都渴望得到照顾和关心。因此,情感需求也是人们除了最基本的生理需求而需要最多的需求,它往往与人们的心理、教养、情感经历等密不可分。

目前我国手机网名的数量不容小觑,超过惊人的 10 个亿,以手机作为互联网媒介的网民比例达到 98.3%,手机逐渐成为人身体的"组成成分",因手机的暂时离身所带来的焦虑和不安感等"生活病"的到来也就再寻常不过了。由此可以看出,因为手机具有很高的便捷性,已经成为人们不可或缺的成分。各类网络作品特别是视频的便捷性服务与其载体的关系密不可分,正是由于手机的便捷性,网络作品才得以以其自身的便捷性为优势不断发展。我国手机的普及率很高,而且其为移动终端,便于携带,其便捷性自然不言而喻,我们既可以用它完成基本的通话功能,还可以随时随地地浏览网络。

网络作品的便捷性除了体现在其载体外,它本身也具有便捷性,如在拍摄、协作、制作和分享方面均体现了其便捷性。操作过程的简单甚至可以让小白轻松驾驭并拍出很好的效果,加之其创作内容很随意,不受过多限制，这也使得其内容更加丰富多彩，富有生命力。许多应用还具有视频的后期处理功能，可按照用户的需求自由运用，而且很方便的"一键上传"功能得到许多人青睐。大学生的主要情感需求就是自我实现需求，然后是社交需求，这两个也是大学生创作各类网络作品的主要原因。在这其中，马斯洛心理需求层次的最高点便是自我实现，人们往往乐于表现自己优秀的一面于公众视野，以获得别人的关注以及获得别人的称赞。生活在社会中的每一个人都拥有社会性，这也是我们往往会通过别人的评价及看法不断自我改善、自我调节的重要原因，由此来更好地融入社会、融入集体。

二、娱乐需求

娱乐是人们运用媒体极其普遍的一种必备要素。当今社会的不断发展将导致人们产生新的需要，但娱乐依然是公认的根本需要。娱乐主要涉及的是人们为了使自己的身心健康、强身健体和陶冶情操而在一个特定的地点和条件下参加的放松活动。对于娱乐而言，产生的最基本因素是要有充足的时间，充足的收入以及有更高层次的精神境界，所以当人们能够吃饱穿暖，物质文化得到更高的满足，并且在当今社会上能够被人尊重的时候，人类的娱乐需求才会出现，除此之外，娱乐的需求并非是生活的必要需求，它时而需求量会很大，时而会很小，甚至有时会全部消失。

根据调查的数据来看，大学生对网络作品的娱乐需求主要体现在社交需求、生理需求、和自我实现需求三个方面。首先是社交需求，现在娱乐已经成为大学生日常交谈的热门话题，很多大学生通过网络平台关注娱乐消息，都是为了社交的需要。其次，生理需求。明星、演员大多都是帅气、美丽的年轻少男少女，完全符合大学生心目中的理想对象类型，因此很多人都会将明星作为自己的榜样，甚至幻想成为自己的理想对象，主要是为了满足他们的生理需求。最后，自我实现需求。娱乐活动具有享乐性。随着现代人生活压力越来越大，生活方式越来越单一，人与人之间的交流越来越少，工作和奔波占据了人们大部分的时间，这就导致现代人基本没有了娱乐活动。所以，关注一些日常生活中的平常事也变成了一种娱乐活动，这其中就包括了美食、音乐、舞蹈、恶搞等，这些经过制作发布的视频也因此得到了广泛的关注,大学生可以参与其中,实现了他们的自我需求。

三、服务需求

媒介的发展大致经历了报纸时代、广播时代、电视时代以及网络新媒体时代四个时代,媒介的功能也随着社会的发展而相应地发生改变。在新媒体时代,媒体的主要作用以及所承担的任务更加多元化。社会的飞速发展也直接促进了人们必须不断地关注和学习社会技能,保证不被社会所淘汰。现阶段重大的社会事件都是人们闲余时期交谈的主要话题点,因此保证自身能够与时俱进,不与时代脱轨是人们生存的最基本的技能。

从调查的数据来看,有 33.33％的大学生认为网络作品可以学习到一些生活小技巧,还有 28.06％的大学生表示他们通过网络作品可以学到一些美容美妆技巧,其余 20％的大学生则是比较喜欢制作美食,因此希望通过视频学习做菜的方法,还有 14.44％的大学生则是为了安全起见会在网文或视频中学习防身技巧,剩下的 4.17％的大学生则表示自己会通过网络看新闻,满足自己对新闻的需求。

四、社交需求

社交性是互联网媒体区别于传统媒体在信息传播方式中的主要特征之一,用户在互联网平台进行点赞、互评和交流,这不仅可以迅速提高视频的传播速度,还可以提高平台的知名度,用户可以通过别人分享的作品了解平台,使用平台。根据调查显示,网络用户更加喜欢互评、点赞来分享自己的观点。"点赞"最开始作为网络用词出现,发展到现阶段已经成为喜爱赞同的代名词。当用户在浏览各种网络作品时,一定会和作品里面的某个内容或者观点不谋而合,这样点赞就作为表达支持和赞同某种观点的主要方式而出现了。点赞从心理学上分析其实是一种心理认同感,因为点赞表达了自己对某个内容或者观点的认同。如果说点赞并不能代表观点的认同,而评论则是表达观点最直接的方式了。

第三节　网络作品满足大学生需求的对策

一、坚持内容为王,提升网络育人的"深度"

(一)以习近平新时代中国特色社会主义思想铸魂育人

抓住"两会""3·18"讲话等重要教育契机,搭建网络交流学习平台,面向师生征集学习心得,并开设系列讲话热议专栏,鼓励师生针对时政热点、重要讲话分享心得、发表评论,彰显学生争做传播和践行习近平新时代中国特色社会主义思想排头兵的精神面貌。同时,借助网络平台打破空间限制,通过线上答题、礼品兑换等形式创新开展爱国主义教育、安全教育、生命教育、禁毒防艾教育、文明素养教育等主题教育,提升主题教育的趣味性、吸引力,实现信息化技术与思政主题教育的深度融合,让网络作品的影响力潜移默化影响学生,让学生深刻了解党,听党话,感党恩,坚定跟党走的信念。

(二)多手段推动课程思政与思政课程同频共振

利用各类网络平台在线共享精品课程,建设"一堂好课"课程资源库,引领专业课程进一步发挥立德树人作用。创新师生互动形式,先后推出《我喜爱的思政课教师》征文,开展思政课教师风采专访,线上线下邀请思政课教师代表、"学霸"代表为学生期末复习考试支招,推出《马原期末复习锦囊来啦》《期末复习锦囊之心理支招》等推文让思政课"接地气",以生动活泼、学生喜闻乐见的方式,同频推进课程思政与思政课程建设。

(三)借助平台优势推动网络育人品牌建设

通过网络平台,从高校实际情况出发,契合当前国家形式,打造一批先进的，有影响力的网络作品品牌，比如时事论坛、疫情防控、环境保护、外语学习等为主题的作品。或者以有影响力的个人为主，构建一个团队，成立工作室，打造一批优秀网络作品。这些有品牌的网络作品有固定的粉丝群，传播速度更快，影响力更大，取得的成效也更明显。

二、坚持信息化提速，增强网络管理服务"效度"

（一）优化管理流程，打造"智慧学生服务系统"

搭建"请销假"、定位"晚点名"、请销假审批、工作记录抄送等流程、模块，让"数据多跑路，学生少跑腿"，提高学生日常事务管理信息化水平，让学生体验到网络带来的不仅仅是娱乐，还能确实解决学习生活和工作中的实际困难，让学生对高校建设的网络平台产生信任、好感。

（二）完善多维服务，构建"数字校园"

利用网络平台搭建每日自习室、开通失物招领、校园特色校历、校园风光、校园指南等网络轻应用，并推送新闻门户、学术报告会、就业信息、后勤服务信息等资讯，为学生日常生活、学习提供便捷服务的同时，提高平台的使用率与活跃度，让学生足不出宿，校园的情况尽在掌握中。

（三）加强动态跟踪，完善"信息检测系统"

专门组建学生网络信息收集队伍，每日通过微博、微信、知乎、贴吧等渠道收集校内外、省内外、国内外热点新闻事件，准确把握大学生关注热点信息动向，了解学生的看法与意见，及时做好学生的思想疏导，主动抢占网络主动权，了解学生所思所想，对于做好学生的引导、辅导有重要作用。

三、坚持线上线下结合，拓展网络覆盖"广度"

（一）线上活动线下办，让平台火起来

通过线上线下互动，开展学生喜闻乐见的文化娱乐活动，做到"天天有动态，周周有声音，月月有活动"，把网络作品搬到现实中来，着力培育一批原创精品活动，培养学生主人翁精神和集体观念，让广大学生亲身体验，培养学生兴趣，让高校建设的网络活起来、火起来。

（二）线上线下互动，让大学生粉丝嗨起来

根据学生的需求，谋划一系列学生喜闻乐见，又有教育意义的活动，通过线上线下相结合的方式，学生不仅可以在线上参与，更能在线下体验，让广大大学生有不一样的体验，吸引更多学生加入平台，彻底嗨起来。

四、坚持主动作为，提高网络育人"温度"

（一）加强时事教育，引导学生坚定理想信念

坚持围绕国家社会重大事件、校园热点、学生的关切主动作为，厚植家国情怀与人文关怀。让学生深切感受到高校的网络作品能走入他们的心里，让学生感受到学校的温度，体会到国家和社会的温暖。

（二）进一步探索网络融平台建设

以学生生活需求为导向，以学生成长发展为目标，综合升级校园门户网站、微博、微信等网络矩阵。一体化构建思想政治理论课教学平台、综合服务平台、辅导员网络育人能力提升平台、党建平台、校园文化实践平台，形成多终端、全覆盖的一站多屏、全校传播、辐射社会的双向互动网络思政融平台，充分发挥网络育人最大的合力。

（三）以学生视角，加强需求侧改革

高校网络作品创作创新需求"因网而生、因网而增、因网而兴"，要以学生的视角出发，了解学生需求，加强需求侧改革，按照学生缺什么补什么的原则，培育一批网络作品，抢占高校大学生思想阵地，对落实立德树人根本任务具有重要的战略意义。推进网络思政工作向科学化、专业化、精准化转型，为当代大学生打造一份"工艺"精湛、"配方"新颖、"包装"时尚的网络精神大餐，构筑新时期网络育人的新高地，培育面向新时代蓬勃发展的新青年！

第三章　高校辅导员应具备的网络育人素养

第一节　高校辅导员应具备的政治素养

高校辅导员的工作是铸魂育人工作的基础环节,直面新时代大学生思想以及国内外存在的突出问题,深入研究加强辅导员工作的有效办法,积极探索加强和改进教育的形式手段,增强教育的时代性和感召力,为实现党的教育方针和目标提供强大思想动力和根本保证。习总书记在网络安全和信息化工作座谈会上指出,可以发挥互联网优势,实施"互联网＋教育""互联网＋文化"等,要主动适应信息化要求、强化互联网思维,不断提高对互联网规律的把握能力。高校辅导员要深入学习习近平新时代中国特色社会主义思想,增强"四个意识"、坚定"四个自信"、做到"两个维护",提升政治素养。

一、政治素养的含义

政治素养主要是指政治主体在政治社会化的过程中所体现的政治立场、政治品质和政治水平等政治素质方面的修养,具体表现在政治立场、理论素养和道德品质三个方面,是社会的政治理想、政治信念、政治态度和政治立场在人的心理中形成的并通过言行表现出来的内在品质。它是人们从事社会政治活动所必需的基本条件和基本品质,是个人的政治方向、政治立场、政治观念、政治态度、政治信仰、政治技能的综合表现。

二、高校辅导员应该具备的政治素养

作为一名学生思想政治辅导员,首先必须具有坚定的政治立场和政治信念,优良的政治品质,能在思想上、行动上与党中央保持一致。如果辅导员自己政治分辨能力差,没有明确的是非观念,那么,在做学生工作时,就缺乏以身作则的感染力,也就难以做好学生的思想工作。其次,辅导员还必须掌握一定的政治理论知识,在引导学生时,能做到以理服人。缺乏理论知识,在工作中,就难以把握学生的思想动态,难以从容应对学生学习、生活中出现的问题,与学生的谈话就难以深入,做思想工作就难以奏效。同时,还会误导学生理论学习的态度,影响学生对形势的正确理解,从而影响学生学习生活的积极性。

三、高校辅导员政治素养提升的重要意义

(一)是国家人才强国战略实施的需要

提升辅导员政治素养,加强高校学生政治观教育,是实施人才强国战略、培养为中华民族伟大复兴而奋斗的一代新人的迫切需要。十八大以来,党中央认真分析国际国内形势,提出了人才强国战略,充分体现了党对人才工作的高度重视。当代大学生作为拥有较多科学文化知识,富有发展潜力的青年群体,是国家人才资源的重要组成部分,是实施人才强国战略的重要力量。

(二)能促使大学生政治素质的养成

提升辅导员政治素养,目的是为了提升辅导员引导广大学生准确把握社会发展规律,正确认识国家的命运和前途,澄清在社会主义问题上的错误观点和模糊认识的能力,从而坚定社会主义信念。高校学生十分关心国家大事和社会热点问题,具有较强的参与意识。大学生群体中,主流是好的,他们热爱社会主义制度,期盼祖国繁荣昌盛,拥护党的领导,支持党的改革开放政策,对社会主义前途充满信心。但是,现实生活

中也有部分学生在政治观方面存在着一些不可忽视的困惑和疑虑,有的甚至是极端错误的思想和行为,因此高校辅导员的引导,促使学生政治素养的养成具有重要的现实意义。

四、高校辅导员政治素养的培养

一是加强理论学习,锤炼坚定信仰。辅导员要学习贯彻好习近平新时代中国特色社会主义思想,做习近平新时代中国特色社会主义思想的坚定信仰者、忠诚实践者。以学习贯彻十九大精神为指向,带头学习新《党章》及习近平新时代中国特色社会主义思想,在学习中提高政治敏锐性和鉴别力,自觉在思想上、政治上、行动上同以习近平同志为核心的党中央保持高度一致,树立正确的人生观、世界观、价值观。

二是切实转变作风,对党忠诚老实。党员干部要坚持道德高压线,严守纪律底线,严格遵守政治、组织、廉洁、工作、生活等纪律,牢固树立全心全意为人民服务的思想,正确对待名利与权力,在生活上发挥艰苦朴素、勤俭节约精神;在工作上多深入基层,加强对基层的调研指导。要抵得住诱惑、经得起考验,堂堂正正为人,清清白白为事,做党性强、讲操守、重品行、廉洁自律的表率,真正做对党忠诚老实。

三是坚持履职尽责,牢记使命担当。党员干部要牢固树立"四个意识",主动担当,大胆作为,从全局的高度和大局的角度去思考谋划工作,牢固树立正确的政绩观,牢记使命,树立起高度的责任感和敬业精神,迎难而上,主动作为,积极工作,开拓进取。

当前政治生活中存在许多意想不到的新情况、新问题,因此,高校辅导员应面对新形势,努力探索育人工作的新途径,通过多渠道,努力提升自身政治修养,为促进大学生成才,造就中国特色社会主义合格的建设者和可靠接班人,提升社会主义政治文明的发展做出应有的贡献。

第二节　辅导员网络育人工作存在的问题

当网络正在悄无声息地改变着我们生活的同时,青年学生的思维观念、价值取向也悄然发生变化,随之而来的是高校落实立德树人根本面临越来越复杂的局面。传统的"我说你听"教育,方法单一、目的直接,给人以强塞硬灌的感受,在实践中往往容易让学生"知而不信""知而不行"。新兴网络教育方式已成为我们不可忽视的教育手段,也是继课堂教育以外新兴、有效、较受学生喜爱的方式,需要我们在研判形势、提高认识、把握规律中不断探索"教育＋网络"模式。

一、思想底数不清,教育缺乏针对性

"望、闻、问、切"是中医看病通常采用的办法。作为大学的辅导员,如果不去认真搞调查研究,摸清学生的思想底数,那开出来的"药方"就很难起到预防在先,治病救人的作用。在现实中我们的一些辅导员,有的过分自负,不注重发挥学生组织和班级骨干的作用,不善于倾听同事、学生干部的意见建议,导致大家敬而远之;有的把功夫下在记学生的名字,弄清楚学生家里基本情况,有什么兴趣爱好等表层次问题上,对学生内心在想什么、有什么需求,有没有困难,心里没底数;有的把精力放在上级重视什么、抓什么,热衷于做吸引领导眼球的工作,心思很少投在学生身上。

二、自身能力不足,刻意回避问题

对辅导员来讲,讲台不单单是专业课老师的讲台,也是自己的舞台,是开展思想政治教育的平台。讲好大道理,用大道理管住小道理,是思想政治教育的难点。当前,学校通过定期举办辅导员培训班,辅导员队伍的理论水平总体有了提升,但是由于知识体系比较单一,往往是大道理讲不通、讲不透、讲不实。有的只会从理论层面讲大道理,与现实联系不够紧密,把本来有血有肉的道理讲的干瘪不堪,使学生听得味同嚼蜡、心烦不已;有的自己还没有吃准弄透就给学生讲,容易出现尴尬冷场的局面,弄得自己下不了台,搞得学生云里雾里;有的在讲授过程中,不能秉持客观公正的原则,往往把大道理讲小了、讲偏了、讲俗了,在一定程度上误导了学生,甚至产生负面作用;还有的辅导员老师虽然满腹才华,但面对一些理论水平较高或敏感性较强时事热点的问题,不能很好地将大道理讲透彻,有不好讲、讲不好的心理,怕讲错了,往往含糊其辞,大而化之、大而避之,一带而过,在教育中往往喜欢对一些不痛不痒的问题提一提,聊一些娱乐新闻、谈一些学习之道,使思想政治教育变了形,走了样。

三、职责意识不强,疲于应付任务

高校辅导员,对管思想、抓教育负有不可推卸的责任,必须具有强烈的职责担当意识。现实中,个别辅导员老师不能很好履行自己的职责,辜负了组织的信任,损坏了个人的形象,给辅导员队伍带来很大的负面影响。

有的身心懒惰,依赖思想严重,上级安排什么做什么,教案靠百度、上课靠读稿、讨论靠班长,自己成了甩手掌柜;有的玩心过大,把主要精力都用在打游戏、看电影、上网聊天、吃吃喝喝等上面,对抓思想政治教育考虑不多,热情不够;有的工作漂浮,不能踏踏实实、认认真真地搞好教育,而是热衷于做上级看得见的表面文章,对日常思想政治教育必办的事、必干的工作被动应付;有的对信息时代加强网络建设的重要作用认识不清、摆位不正;有的认为网上开展活动费时费力,嫌麻烦懒得用;有的习惯于原有的工作方式,守着老办法,从而对网上资源不涉足、不学习、不使用、不管理;有的认为网络教育还没有完全纳入教育体系,缺乏整套制度机制,认为有需要的时候抓到哪里算哪里。对此,辅导员老师需要确立与网络时代相适应的思想观念,主动投身服务网络思想政治教育健康发展的大潮中。

第三节　把握网络特性 有效应对所面临的风险

新媒体的普及和发展,给高校思想政治教育环境带来了深刻的改变。新媒体传播中,网络中的不良信息和歪曲言论借此充斥着网络环境,对学生思想政治教育工作效果产生了极大的冲击。学生思想难掌控、情绪难调控、隐患难防控等问题,其中有复杂社会环境的影响,但更关键的是要从教育者自身找原因。

一、更新教育观念

要树立正确的网络思想政治教育意识,当前一些辅导员对新媒体的定义、范畴和作用认识不足,不愿下功夫研究新媒体时代思想政治教育面临的新形势,片面地将使用多媒体制作课件、播放视频当作"互联网＋",发散和创新思维不够。我们需要充分认识到网络思想工作是思想政治教育适应社会发展的需要,是满足学生主体发展的需要,是提高思想政治教育有效性的必要方法和手段,是新时代思想政治教育创新和发展的必然要求。网络的快速发展及其特点使思想政治教育工作的内容、形式、方式方法、手段等发生了很大的变化。在实际工作中要正确认识网络与思想政治教育的关系,网络并不是为思想政治教育而生的,用网络进行思想政治教育只是把它当作载体去快速实现教育。网络思想政治教育与网下思想政治教育有很大不同,要树立网络教育的理念,由被动型转变为主动型,封闭型转变为开放型,灌输型转变为引导型,单向型转变为交互型。

一方面,我们要及时收集学生的网上意见,时刻关注他们的思想动态,能在网上予以开展和解决的,我们应及时在网上予以开展和解决,比如一些课程的教育体会、学习心得的讨论交流,也可以在网上进行,还要着力用好网上思想调查、网上学习引导、网上文化熏陶、网上育人成才、网上咨询服务等方法。准确把握学生闻网则喜、用网即乐的特点,正确使用"微信、微言、微评","微信群"里"聊心得","朋友圈"里"晒收获","评论区"里"写留言"。引导大家敞开心扉、无障碍交流。结合网络工作机制的多变性和网络信息形式多样性特征,以多种方法手段,将不同形式、不同内容的信息进行有序衔接传播,将教育由平面引向立体,由静态引向动态,有条件、能力的学校和学院,还可以组织研发思想调查分析系统和开设心理健康指导网站,通过开展网上问卷调查、大数据分析,全面快捷了解掌握学生思想底数,加强针对性宣传,因地制宜、因时制宜、因势制宜,把网络思想政治教育做到位,通过在网上普及心理健康常识,为学生提供在线交流、倾诉心声渠道,安排心理专家开展网上咨询服务,提供心理辅助,搞好心理疏导,在网上及时解决学生心理问题。

另一方面,网络的魅力为开展思想政治教育丰满了羽翼,但我们在教育理念上不能用"键对键"式教育完全取代"面对面"式教育,过分依赖网络极易疏远教与被教两者的距离,失去直观感悟和情感交流,造成师生之间"身在咫尺,却感受不到彼此的存在"。对一些不能或不便在网上解决的重大思想问题或意见,应采取切实行动,深入学生中去,从学生的身边事、困难和疑惑入手,把思想政治教育的意图目标和学生的实际需要统一起来,利用面对面的交流、座谈等方式,对学生的思想、心理、行为等问题予以解答。要调查摸清学生的思想动态,坚持与时俱进抓好思想政治教育,学习借用"网络一代"的特殊语言,注重接地气,增强贴近性,将思想政治教育转化为贴近学生日常生活,人情味、趣味性、故事性强的内容,在与学生们的近距离交流中打动人、教育人、感染人。真正做到在拓展网络教育功能、扩大思想政治教育工作覆盖面和影响力的同时,不忘发挥"面对面"的优势,双管齐下,将"网上"引导与"网下"教育有机融合起来,在抢占网络主阵地的同时,搞好网下正面引导和解疑释惑,做到"联网"更要"连心"。

二、增强教育实效

目前,90、00后的大学生大都是伴随着网络长大的,网络已成为他们生活的一部分,在网上看新闻、发邮件、聊天、娱乐等,对没有网络的生活很不习惯。但是,当前的思想政治教育中有的任务式完成规定内容和教学进度;有的落实教育制度不严;有的课前不进行学生思想调查分析,备课教案网上摘录、相互抄袭,思想政治教育的参与度低、互动性弱。如果我们的思想政治教育依旧还只是过去的方式方法,必然无法起到相应的教育效果。

网络思想政治教育是时代发展的需要,网络作为一种全新的传播媒介,具有处理数字化、传输高速化、信息海量化、以及信息的交互性和开放性等特点,被广泛应用到各个领域,思想政治教育必然要跟上时代发展的步伐,才能使学生易于接受,其中合理设置教育内容是重中之重。现代传播学认为,要赢得广泛的社会认同、公众青睐和影响力,必须坚持"内容为王"的原则。这要求我们必须持续不断地提供丰富、权威、及时、生动的信息资源,才能确保网络思想政治教育与时代同步、与学生共鸣、与工作合拍。

辅导员进行网络思想政治教育,要注重打造原创鲜活的内容,网络思想政治教育应改变传统的"二传手"式做法,重点打造原创、独家、权威的和具有广泛共鸣的原创鲜活内容。着力强化信息的权威性和可信度,坚持丰富经典原著、创新理论、党史军史等教育资源,构建政治教育资料库,还要通过深入学生之中调查和挖掘,了解学生所思所想所需,在掌握"第一手"信息基础上备课,以期吸引学生,抢占网络思想政治教育信息传播的先机和制高点,确保教育的先进性和实效性。同时,邀请学校相关专业的教授学者为学生剖析国家安全形势,解读重大政策方针,宣讲党的创新理论,解读重大理论问题,解开学生思想上的"扣子"。要发挥好网络媒体议程设置功能,在学年总的工作部署内,通过定期设定网上宣传教育主题,有效引导班内学生的关注点和认知走向,发挥好专题策划聚焦功能,围绕某一现实或热点问题,通过扩大本班学生的参与范围和延伸参与深度,引导学生发表个人体会感悟、相互交流、相互影响、相互启发,共同进步,形成强大的舆论势场,从而影响更多学生的思想和认知,由此提高网络思想政治教育质量效益。

三、重塑教育权威

受工作经历、能力素质和思想作风影响,个别教育者,尤其是年轻辅导员成为受教者的同龄人,缺乏"教育者、引导者、管理者"的主导意识,在从事思想政治工作中表现出的不坚定、不纯粹、不自豪,也影响着学生,削弱了教育者本身的权威性和感召力。思想政治教育有无权威性,取决于辅导员队伍的建设。首先,要求在辅导员选用时要把好关、定好向,要严格选拔标准,要把坚定的政治信仰、良好的人品修养、强烈的事业心和责任感等作为辅导员选取的先决条件。其次,录用上岗前应经过一定时间的岗前强化培训,通过组织思想政治教育素质资格认证考试,使其具备一定的社会学、教育学、心理学、管理学等多学科基础理论知识,具备开展学生思想调查研究、组织准备思想政治教育和授课的能力,能够灵活运用各种教育手段和方法开展教学实践活动,还要培养一定的即兴演讲和随机应变能力。最后,要持续加强辅导员网络思想政治教育能力的提升,为他们参加系统学习、培训创造条件,提供时间和物质保证,建立一支既有较高的政治理论素质,又能有效掌握现代信息网络技术,熟悉网络文化特点,能够在网络上熟练地进行思想政治教育的辅导员队伍。

同时,要树立思想政治教育权威,教育者要带头坚持好党性原则,牢记自身职责使命,自觉抵制庸俗、低俗、媚俗之风,始终按照规章制度办事,用自身良好形象和过硬的作风去吸引学生、凝聚学生、感化学生。作为辅导员老师,不仅要关心学生思想上的进步,还要更多关注学生的学习、生活、精神等其他方面的进步,并通过其他方面的进步,保障和促进思想上的进步,用心关爱学生成长,实现人格力量与真理力量的有机结合,增强思想政治教育的公信力和渗透力。

在此基础上,辅导员要坚持以人为本,把网络当成教育人、培养人、塑造人的平台和载体,着力提高自身知网用网能力,做到会利用网络开展思想调查、备课授课、舆情引导、组织活动。学会综合运用多媒体元素以及丰富的网络信息创新政治教育课,把所要讲的内容以声、色、光、图等多种现代手段凸现出来,化抽象为具体,化枯燥为情趣,化不解为理解,实现教育内容进入学生头脑、进入灵魂深处。辅导员还要充分发挥学生的自我教育功能,学生的自我教育,是思想政治教育落地生根的关键环节,要善于发挥好学生组织、学生党员和班级骨干的作用,运用好网络传媒等优势资源,借助重大政策出台、国际和社会热点敏感问题等,做好引导,要探索建立学生网络评论员队伍,在学生中培养意见领袖,提高他们的政治触角和舆情引导能力,培养一批觉悟高、能力强、影响力大的学生意见领袖,在处理分歧意见、统一思想时能够正确引领学生的认知和行为,通过增强学生参与的广度、深度,确保网上一有情况,能够快速出击、守住舆论阵地,形成整体合力,构设充满正能量的网络空间,通过正面引导,使学生做出正确的价值选择。

第四节　提升辅导员在网络育人的能力素质

当前,中美处于长期战略博弈状态,意识形态领域斗争只会愈演愈烈,敌对势力加紧利用网络渗透破坏,散布政治谣言,炒作敏感问题,目的就是搞乱人们的思想,动摇党的领导。较之以往一元化主流媒体的正能量,腐朽文化对学生思想侵蚀、身心毒害的方式更加直接迅猛,"抖音""快手"等直播平台中的不良内容,就是利用学生追求感官刺激的心理,推送网络谣言、冷暴力和软色情等有害信息,腐蚀学生思想,毒害学生身心。

大学生受年龄、阅历和认知等影响,世界观、人生观、价值观尚未成型成熟,对真假难辨、良莠不齐的信息缺乏政治敏锐性和政治鉴别力,"诋毁革命英雄、鼓吹'军队非党化'、绝对民主自由"等错误思潮直接倒灌负能量,动摇学生理想信念,这对我们思想政治教育发挥纠偏正向、铸魂育人的作用带来挑战。对此,辅导员应在思想政治教育中要坚持三大原则,强化三种意识。

一、坚持正确的理论导向

要坚持马克思主义意识形态在网络上的主导地位,坚持用习近平新时代中国特色社会主义理论来武装学生头脑;引导学生牢固树立正确的世界观、人生观和价值观;要大力弘扬文化主旋律,增强学生自觉抵制西方"文化侵略"的政治意识。要注意加强宣传教育和思想引导,帮助学生消除思想错误和认识误区,摆脱思想束缚,学会正确行使和维护自己的民主权利,提高自我教育的能力。

二、坚持"以人为本"原则

网络的开放性、共享性、交互性,打破了教育者与被教育者的固定地位,变被动式教育为互动性教育,教育者与被教育者都是网络的主体,地位平等。教育时,更应该树立平等意识,尊重学生的主体意识,无论是在线上还是线下,都要和学生以平等的身份诚恳地进行交流,建立起信任、平等的朋友关系,学生才易于敞开心扉,教育者才可以及时准确地了解学生的真实情况,有针对性地积极引导学生主动地参与思想政治教育活动,提高辨别是非的能力,提高对自己行为负责的能力。

三、坚持主体性原则

要尊重学生的主体性地位,注意引导和培养学生骨干积极参与思想政治教育工作的过程,以点带面,使学生主动地把一定的思想意识和道德规范内化为自身的政治素质;要结合当前"书院制"改革,增强学生自我教育、自我管理的自觉性、主动性和创造性。要做到信任学生、理解学生、宽容学生,以诚对待学生,以情打动学生,充分尊重学生的权利和尊严。

四、强化融合意识

思想政治工作者应清醒地认识到,网络是信息时代的重要特征,运用信息网络开展思想政治教育是适应时代发展的要求。要转变"老办法管用"的观念,把传统教育方法、资源和信息手段有机结合起来,让老传统结出新成果。要敢于摆脱传统观念、思维定式和习惯做法的束缚影响,在继承和发扬优良传统的基础上,充分运用网络信息量大、传播速度快、空间延伸广等优势,推动思想政治教育传统优势与信息技术高度融合、网络性能与教育功能深度融合。

五、强化服务意识

网络思想政治教育要把满足学生需要、为学生提供高效服务作为一个重要关注点。端正服务态度,积极适应网络扁平化特征,以平等的身份、谦逊的态度、交谈的口吻和热情周到的关心提示,赢得学生的真诚信赖和支持。拓展服务范围,从网上思想政治教育向计算机、英语等级考试等学习成才服务和衣食住行等日常生活服务拓展,满足学生网上多样化需求。同时,提高服务质量,围绕学生反映的网络信息方面问题,快速反应,及时改进,把高质量的网上信息化服务真正送到学生的心坎上,切实以学生期望和需求的满足来提升校园网络信息化系统使用的粘性和热度,通过平台建设发展推动网上思想政治教育工作的开展。

六、强化创新意识

当前利用网络开展思想政治教育,面临着许多困难和问题,在网络信息高度发达的今天,信息传播的速度快,数量大,学生的视野也大大开阔,简单的说教已经很难引起他们的兴趣。如果教育想引起学生的关注,就需要辅导员将思想政治教育中的多种方法综合起来运用,有时候甚至需要在几种方法之间反复斟酌,寻找创新的突破口,选择最佳方案。要将网络思想政治教育主体由辅导员向全体师生延伸,向校外延伸,充分吸纳优秀社会人才和各方面资源,在积极学习外部先进经验、理论的基础上,构筑和发展自己的优势,进一步开发网络教育功能,不断创新网络思想政治教育的方法和手段。

信息网络是新时代铸魂育人的重要阵地,占领它就抢占了青年学生思想新高地。我们把网络作为立德树人重要的载体,就是要充分发挥好辅导员队伍的管理优势、能力优势和话语权优势,依托制度机制、宣教策略以及技术手段等构筑于我有利、生动活泼、富有传播力的舆论场,以"教育+网络"模式助力高校育人工作提质增效。

第四章　网络作品发布平台
介绍及运营

　　当代大学生是伴随着以网络为代表的新媒体的发展而长大的一代人。当前高校辅导员发布网络作品的主要平台是新媒体平台,所谓新媒体,它是相对于传统媒体而言的,主要包括互联网、手机媒体、微博、QQ、微信、抖音等。进入 21 世纪,借助计算机网络信息技术的推力,新媒体迅猛发展,进入了一个完全崭新的时代,尤其是 2021 年,进入元宇宙时代,网络时代又进入一个新的高度。网络新媒体无处不在,无所不能,当代大学生,不管是否愿意,是否自觉,已深陷新媒体环境中,新媒体所带来的影响已然渗透大学生生活的方方面面。

第一节　新媒体平台概述

　　新媒体平台的迅速发展,对大学生的影响日益增强,以其多元性、娱乐性、互动性和虚拟性吸引了当代大学生,并成为他们认知世界、获取信息最重要的渠道。高校辅导员要准确把握新媒体概念、规律,通过新媒体平台,创造优秀的网络作品,提升育人成效。

一、新媒体平台的含义

　　相关领域对现代意义上的"新媒体"这一概念是于什么时间出现的,一直没有一个统一的答案。较为流行的说法是,1969 年,美国政策传播总统委员会秘书长 D. 罗斯托(D. Rostow)在向尼克松总统展示的报告

（即"罗斯托报告"）中频繁使用了"新媒体"这一词语。自此，"新媒体"一词开始在美国国内传播开来并迅速风靡欧洲大陆，不久后成为一个具有全球意义的新名词。国内可以查到的、最早的与新媒体平台相关的文献可以追溯至1986年。由此可见，学界对于"新媒体"的研究有将近半个世纪的历史了。不过，这与当前人们眼中的"新媒体"还是有着较大区别的。

虽然学界和业界对于什么是"新媒体"尚未达成一个普遍的共识，但有一点是可以确定的，不管相关人士在新媒体定义上的说法有何不同，其看法都是围绕"网络"一词展开的。当前社会，网络技术发展日新月异，新媒体在形式上已经与以报刊、广播、电视为代表的传统媒体有了极大的差别。人们在提到"新媒体"时，普遍会想到的是以电子书和电子书包为代表的数字化内容，以微博、微信为代表的社交媒体，以网络教学平台为代表的网络平台，以及平板电脑、智能手机等移动设备。

依托现如今的社会发展情况与科技发展形势，可以将"新媒体"定义为在新技术支撑体系下出现、利用数字技术和网络技术，通过互联网等终端，向用户提供信息的媒体形态。

新媒体及新媒体平台的出现，在改变着人们日常生活的同时，也为课堂教学带来了新的活力。新媒体借助功能强大的网络技术，使得过去只能以文字和口头讲解为媒介的传统课堂，摇身一变成为可视、可触的情境性内容。也就是说，在新媒体平台逐渐呈现数字化的社会趋势下，间接经验已经成功转变为直接经验，学习者能够"亲自"体验学习语言知识，使间接经验中枯燥、形式化、抽象的缺点得到削弱。

二、新媒体的特征

与传统媒体相比，新媒体具有以下四个特征：第一，数字性，新媒体是伴随着技术的进步而产生的，数字技术是其背后的支撑，是其发展创新的动力；第二，交互性，即新媒体打通了传播者和受众之间及时沟通反馈的渠道，并且用户开始能够作为传播者，生产和发布内容；第三，超链接，新媒体可以实现用户不受时间空间的限制，便捷地链接到自己想要的内容；第四，融合性，碎片化时代媒介趋于融合，而这个融合的中心点就是新媒体。新媒体有着更新快、传播快、成本低、内容丰富诸多优点，但内容海量,也会造成资源冗余,用户选择困难等问题。

清华大学尹鸿教授提出,"互联网这个点对点的传播方式,其实更适合那些需要寻找受众的内容。"电视的受众具有不确定性,因为电视播出是一次性的,而受众不可能每时每刻都在电视机前,因此会很容易错过可能感兴趣的内容。相比之下,互联网的点播模式能帮助受众精准找到想看的内容,也就是说那些受众规模较小的内容也能被找到并观看。

从文化性质层面看,新媒体平台的文化内涵主要包含以下几个层次:一是新媒体平台中的技术支持,会受到来自文化环境方面的影响,这主要是从文化对于社会经济发展的影响的角度来探讨的。由于文化的抽象性和多元性,其是伴随并深入社会发展和经济发展过程中的,一个社会在一个发展阶段的主流文化,往往也是社会在这一发展阶段所表现出来的生产力水平层次。也就是说,从文化层面开展调查研究时,需要对社会中的主流生产力中的主流意识、权利掌控方、阶层利益进行充分考虑。二是新媒体技术的发展水平在一定程度上也是文化环境特征的一个体现。在新媒体技术的支持下,新的媒体平台形态也开始向多元化的方向发展,在发展中形成的不同形式,实际上都是一种社会文化环境的缩影和体现。三是新媒体技术支持下的媒体平台本身,营造了一种文化环境,这一点主要是从新媒体技术和平台先进性对文化发展的促进角度来说的。在如今的社会发展状态下,技术的支持和网络信息平台的建立,本身可以从各个不同的领域为其发展提供支持和服务,"互联网+"时代的到来就是一个典型的体现。而从文化传播领域来说,其也是在受到新媒体平台影响的基础上得到传播和发展的一项内容。因此,在新媒体技术和平台支撑下的文化传播行为本身形成了一种文化环境。两者存在相互依存和共同发展的关系。

三、新媒体平台的范围界定

"平台"是工程学概念,后被引入经济学领域,指交易的空间或场所。而在传媒领域,媒介平台是指通过某一空间或场所的资源聚合和关系转换为传媒经济提供意义服务,从而实现传播产业价值的媒介组织形态。新媒体平台是在新媒体这一媒介环境下出现的传播平台,是内容集成、信息发布、互动传递、传播扩散的场域,新媒体平台集这些功能于一身,可以说是一个开放的综合服务平台。

新媒体平台主要包括两个层面。一是传播的终端,即 PC、笔记本电脑、平板电脑、手机、数字电视等设备。二是传播的渠道,主要包括视频网站、社区论坛、移动社交网络等。

第二节　新媒体平台的分类

随着网络科技的不断发展进步,网络领域取得了日新月异的突破,基于娱乐化、通俗性、全民性等特点为一身应运而生的新媒体平台,如抖音、快手、微博、微信公众号等平台,在促进文化传播与交流方面发挥着举足轻重的作用。以抖音为例,抖音短视频是以新媒体形式出现的一种现阶段非常火爆的平台类型。由于其平台进入门槛低,且多以娱乐和表演类的内容为主题,而且从录制形式上来说,也比较短小精悍,这种接地气的平民化媒体平台,自然受到大众的青睐和认可,从而形成一种火爆的流行趋势,截止到 2021 年 4 月 16 日,抖音平台使用用户一度达到 6.8 亿,可谓形成了一股全民刷抖音、拍抖音的网络浪潮。

随着移动互联网网络环境(WiFi、3G、4G、5G)和移动智能终端(智能手机、平板电脑、移动设备)的逐渐成熟。越来越多人形成了使用手机、平板电脑等移动设备浏览媒体内容的习惯。在这样的背景下,移动新媒体平台迎来了蓬勃发展,新媒体内容产业同样快速发展,移动互联网的新媒体内容时代全面开启。在国外,以 Facebook、Twitter 为代表的移动新媒体平台已经改变了人类获取信息的方式。在国内,微信、微博、今日头条等移动新媒体平台在近几年迅速发展,用户数均已突破上亿人。

一、微信

2011 年 11 月,腾讯公司推出微信 APP,带有聊天、朋友圈、微信公众号等功能,受到广大用户的喜爱。截止到 2017 年第二季度,微信已经覆盖中国 94% 以上的智能机,月活跃用户数突破 9.63 亿,用户遍布全世界 200 多个国家,是中国目前最大最活跃的社交平台。而作为移动新媒体代表的微信公众号数量超过 1200 万个,现已发展成为国内最大的基于社交关系的移动新媒体平台。

二、新浪微博

2009 年 9 月,新浪公司推出新浪微博,带有状态分享、文章分享等功能。使广大用户能通过微博平台分享所见所想,了解他人动态。近些年,微博的活跃用户逐年增长,截止到 2017 年第二季度,微博月活跃用户数突破 3.6 亿。微博也逐渐成为国内一个非常主流的社交媒体,成为舆论传播的重要平台。

三、今日头条

2012 年 8 月,今日头条 APP 问世。这是一款典型的内容个性化推荐应用。它会记录并挖掘用户的历史浏览记录和操作行为,分析用户的阅读喜好和阅读习惯,给用户推荐其感兴趣的新闻资讯。这是一款智能化产品,它改变了传统新媒体平台的内容呈现模式,使不同的人能看到不同的、个性化的内容信息。它是智能时代中,主流的新媒体平台。

四、一点资讯

2015 年 4 月,一点资讯 APP 问世。这是一款融合了搜索、订阅和个性化推荐模式的内容平台。一点资讯平台的模式和今日头条的模式有相似的地方,但是一点资讯在兴趣阅读、内容订阅方面也打造了自己的特色,从而并成长为国内最有影响力的新媒体平台之一。

五、Facebook

2004 年 2 月,Facebook 在硅谷问世。Facebook 堪称社交网络的鼻祖,他在网络空间内构造出了一个虚拟的社交网络。而在社交网络上,信息、新闻、资讯的传播方式也完全被颠覆，人们可以通过社交网络获得海量的信息和内容。也正因如此，传统媒体受到冲击，移动新媒体平台成为人们获取信息的最重要渠道之一。截至 2017 年 6 月，Facebook 全球月活用户突破 20 亿。

六、Twitter

2006 年 3 月，Twitter 在美国问世。Twitter 平台上所有消息都被限制在 140 字符以内，这反而刺激了用户的分享和阅读兴趣。大量的企业、组织机构选择在 Twitter 上创建自己的主页，发布自己的新闻和资讯。随着几年时间的发展，Twitter 已经成为全世界最受欢迎的新媒体平台之一。截至 2017 年第一季度，Twitter 月活跃用户为3.28 亿。

在这些国内外主流的新媒体平台中，微信、微博、Facebook、Twitter等属于社交媒体平台，大量的媒体内容基于社交网络产生并传播。而今日头条、一点资讯，包括未详细介绍的 UC 头条、天天快报、百度 Feed 等均属于个性化推荐媒体平台，基于智能推荐提供大量的媒体内容。他们在内容传播和内容展示上有着不同的机制和特点。

七、新媒体平台使用过程中存在的问题

为了更加清晰和具体地了解新媒体平台在运行过程中造成的实际负面影响。以抖音短视频为例，对其应用过程中所造成的负面影响进行分析。首先，抖音短视频的录制存在"标题党"问题。这一点主要是指，在抖音平台上推荐页面中有许多点击量很高的抖音视频，往往都是以新鲜刺激的字眼和内容作为标题的。这种标题党行为，实际上是利用了人们猎奇的心理，通过引发"尖叫效应"，达到文化信息传播的目的。但通过观察发现，一些名称非常新鲜刺激的抖音短视频，其实质内容并不具有可看性，甚至有些视频是单一依靠标题的刺激来获取点击量。这就造成了文化影响力的负面效应，使人们的时间和资源被随意占用，没有真正发挥其传播积极文化内容的作用。其次，抖音短视频的信息传播内容混乱。这一点主要是指，在短视频平台受到关注并得到认可的同时，一

些运营商及广告商看中了抖音平台的社会影响力和文化影响力,通过广告植入或传播一些新鲜刺激的内容,来达到获取关注度和点击量,从而获取经济利益的目的,这种经济利益获取意图逐渐显露,文化传播功能被逐渐削弱的情况,也是抖音短视频在文化影响力方面的附加效应,使一些不健康的信息内容在此平台上传播,从而为负面信息的滋生和流通提供了土壤,使抖音作为新媒体平台的文化传播力受到反作用的不利影响。

第三节　高校网络作品发布平台的运营及管理

随着信息技术的迅速发展,移动智能终端产品已成为现代化生活不可或缺的一部分。对于高校宣传思想工作而言,互联网带来的不仅仅是工作载体、工具、手段、途径的变化,更影响到主体的思维方式、话语体系、交往环境、信息方式,目前,各种形式多样的新媒体平台层出不穷,潜移默化地影响着大众的生活、学习和行为方式。

微信、QQ、微博、抖音等新媒体平台已成为当代大学生线上彼此交流、获取咨询、休闲娱乐的主要渠道,同时也是高校进行思想政治教育的不可或缺的重要阵地。教育者通过新媒体平台,不仅可以促进大学生的知识技能学习,而且可以有效实现与大学生间的思想情感交流,提升其明辨是非的能力、综合素质能力及适应社会的能力,引导大学生形成正确的世界观、价值观和人生观。对于高校的教育管理者而言,要提升高校网络思政的影响力,关键在于如何深入、有效、便捷的运营和管理好校园内的新媒体平台。

一、高度重视高校网络作品发布平台的建立和运营

(一)党和国家高度重视高校网络思政平台建设

习近平总书记高度重视高校思想政治教育工作,把高校思想政治教育工作摆在了突出位置,并作出了一系列相关论述,对新媒体时代开展

高校网络思政平台的建设具有重要的指导意义。

2013 年习近平总书记 8·19 讲话强调"网络舆论工作是在思想宣传工作中的重中之重";2015 年 1 月,中共中央办公厅、国务院办公厅印发了《关于进一步加强和改进新形势下高校宣传思想工作的意见》,提出要推进网络新媒体建设;2015 年 10 月,中共中央宣传部、中共教育部党组在《关于加强和改进新形势下高校宣传思想工作队伍建设的意见》一文中指出,要提升运用网络、引导舆论、网络评论以及增强网络信息安全管理能力;2016 年,习近平总书记在全国高校思想政治工作会议上指出:"做好高校思想政治工作,要因事而化、因时而进、因势而新,要运用新媒体新技术使工作活起来,增强时代感和吸引力。"2017 年,中共中央国务院印发《关于加强和改进新形势下高校思想政治工作的意见》指出:"要加强互联网思想政治工作载体建设,加强学生互动社区、主题教育网站、专业学术网站和'两微一端'建设,运用大学生喜欢的表达方式开展思想政治教育。"2020 年 5 月,教育部等八部门联合发文《关于加快构建高校思想政治工作体系的意见》中提出,要"加强网络育人,提升校园新媒体网络平台的服务力、吸引力和联合度,切实发挥新媒体平台对高校思政工作的促进作用。"

以习总书记为核心的党中央多次强调做好高校思想政治教育工作,加强网络内容和网络平台的建设和管理,用社会主义核心价值观和中华优秀文明成果滋养人心、滋养社会,做到正能量充沛、主旋律高昂,为广大高校大学生营造一个风清气正的网络空间。

(二)高校网络思政平台建设拓宽教育途径

高校传统思想教育教学过程中讲究双方的在场性,无论是老师、学生在课堂上,或是课后私下交流,彼此都受到时间、空间的约束。借助新媒体搭建的网络思政平台的框架下,老师和学生可以不受时间、空间的限制,做到随时沟通交流、传递知识和答疑解惑,这种交流有别于传统单向式老师讲、同学听的模式,而是交互、双向和即时的,老师可以对学生的问题立马作出回应。在网络思政平台上思政老师除了传统上课授课方式外,还可以借助网络思政平台向广大同学们发送课堂延展内容,同学们可以随时、随地、反复通过平台进行学习,有困惑之处还可以及时和思政老师沟通联系。通过网络思政平台让思政老师较容易实现一对多,以点及面,很好地解决了传统思政教育阵地固化、覆盖面窄的痛点,较好地实现了思想政治教育教学质量和水平的提升。

(三)高校网络思政平台建设丰富教育形式和内容

随着时代快速的发展,高校网络思政平台从"两微一端"逐渐过渡到"三微一端",即是微博、微信、微视和客户端。从新媒体平台形式上可分为四种,一是以文字、图片为主的图文类,如微信、微博、论坛贴吧;二是以音频为主的语言类,如得到、喜马拉雅、荔枝 FM 等;三是以海量视频资源为主视频类,如爱奇艺、腾讯视频、B 站;四是以交互式直播为主的直播类,如抖音、快手、映客直播等。各种平台有其自身的形式特质,将不同类别的平台资源融入思想政治教育中势必影响着高校思政的形式。此外,网络思政平台建设的背景下,高校的思想政治教育不仅在教学形式上发生巨大变化,而且在内容上也有极大的丰富。区别于传统思政教育"老师讲述,同学认真听"和"课本学习"的单一方式,网络思政教育不仅侧重于文字、图片,更加注重音频、视频等多种形式,将新媒体手段融入课堂思政教学之中,课堂内容从单一走向多元,由平面走向立体;借助互联网海量的信息,思政老师可以随时丰富授课过程中的例证,选取大学生喜欢的时事热点,用时下流行的网络语言,以大学生喜闻乐见的方式将思想政治教育贯穿其中,从而吸引、感染、引导学生。

二、新媒体平台的使用

新媒体平台在人们的日常生活中发挥着越来越深远的影响,做到了"飞入寻常百姓家",有了新媒体平台,人人都可以成为"网红"和"段子手",使用率上升的同时,带给人们以欢声笑语,但也存在着一些问题和隐患。如何在正确、规范的前提下,合理利用好新媒体平台,让新媒体平台成为我们创造精神财富的活力源泉,这对我们提出了考验。

(一)加大新媒体技术的开发力度

这一点主要是基于人民不断提升的文化层面和精神层面的追求而言的。在新的社会发展阶段,信息技术和网络技术是社会生产力发展的重要依托,对于新媒体平台来说,要想更好地发挥其文化传播及影响力方面的作用,应从技术层面入手,提高新媒体技术本身的技术含量和高度层次,从而为新媒体平台的完善和创新打好基础。另外,从文化内涵的丰富和呈现角度分析,只有通过新媒体技术的不断开发和有效利用,才能更加深刻地挖掘相关信息中的文化内涵,并借助其力量,将其更加完整而科学地呈现,并通过直观立体的信息呈现方式,达到对其文化内涵的丰富和提升,最终将新媒体平台的文化影响力向积极的方向转变,并促进其日臻完善。

(二)提高资源配置的合理性

这主要是基于新媒体平台上的信息流通的多元化特点而言的。在新媒体抖音短视频平台上,人们之间的信息交流在成本上相对比较低廉,致使新媒体平台信息内容出现低俗、负面等信息。提高资源配置合理性,则可以做到切实根据人们的真实需求提供信息推送。另外,从宏观的角度来说,新媒体平台运行技术中的智能化技术、触屏技术及虚拟合成技术的出现,可以为用户提供一个更加完整生动且具有高技术含量的新媒体平台,只要在平台的开发中结合用户的需求,应用合理的技术打造和建设平台,才能保证资源的高效利用。另外,资源配置的合理性还体现在实现对一些负面和消极信息的验证及屏蔽,从而为新媒体平台营造纯净安全的运行环境。

(三)开拓产业化发展道路,实现文化传播力的持续影响

通过以上两种手段净化新媒体平台传播内容,并且在提升内容传播的技术性和先进性的基础上,为实现新媒体平台信息传播产生长期持续的文化传播力影响。从未来发展与稳定的层面来看,新媒体文化传播模式,应运用创新思维探寻创新路径,实现其产业化发展。从实现其产业化发展的路径来分析可知,首先,产业化的发展需要先进技术的持续支持,因此,对于新媒体平台的技术层面的开发和优化需要持续不断地进行,为用户提供更加真实完美的应用体验。其次,在新媒体信息的传播上,应继续保持其专业性和可靠性,也只有这一类型的信息,才能切实得到用户的长期认可,从而为其更进一步稳定的产业化发展道路扫清障碍。另外,产业化发展模式中,还应注意传播内容的特色性和代表性。一方面,可以获得更多的关注;另一方面,也能更好地满足用户的实际应

用体验需求。只有在内容本身的专业性和规范性得到保障的前提下,同时具备信息传播的先进性和内在价值,才能在稳定的产业化发展进程中,使新媒体平台时刻保持生命力和竞争力。

三、高校网络思政平台建设和运营的现状

高校网络思政平台是大学生意识形态教育的重要阵地,同时也是高校宣传思想阵地建设的重中之重,目前,各高校网络思政平台建设工作正在如火如荼地开展,在过程中也暴露以下诸多问题。

(一)思政教育与网络平台融合不够

一方面,面对快速发展的新媒体时代,部分高校思想认识不到位,未曾意识到高校思想政治教育的环境、平台和主体在逐渐变化,教育内容与大学生实际生活脱节,仅是单一的输出内容,不考虑学生的感受,缺乏创新,思想政治教育质量和效果有待提升。

另一方面,思想政治教育与新媒体平台融合度不够,微信、微博、抖音、今日头条和快手等新媒体平台受到当代大学生的热捧,这些平台不仅趣味性浓、时尚性佳,且知识性足、交互性强。

目前还有不少教师未能将新媒体平台与教书育人相融合,课上课下仍处于过去说教式的方式,不能针对学生关心的时事热点、流行趣事进行讲解,缺乏借助新媒体平台来融入思想政治教育。

(二)网络思政平台建设和运营不完善

目前各高校网络思政平台建设和运营有待完善,一是高校搭建网络思政平台的部门繁多,且各自为政。目前学校关于思政宣传工作的部门众多,且各自为政,如党委、团委、思政科任老师、辅导员、宣传工作人员等都有各自的新媒体平台,根据本部门的工作安排进行内容的输出,其间很少进行交融合作,未能整合各网络思政平台,造成资源的浪费,难以实现网络思政平台协同育人的合力。

二是缺乏全面有效的监管体制。一个全面高效的运营管理团队是建设和运营好一个网络思政平台的关键,然而不少网络思政运营团队在监管制度上和机构设置上有待完善。在制度上,正所谓没有规矩不成方

圆,部分网络思政平台的日常运营还处于负责人向下属的执行者发布发文、运营、维护指令,未形成日程运营的制度模式,导致无章法可依;部分设立严格审核机制的团队,也存在机制死板固化问题,如内容输出时,往往因需层层审核,但往往出现审核机制不顺畅,内容从编辑好到推出需要1~2天时间,因而丧失内容的及时性,还有部分平台未设有突发处置制度,一旦出现重要的舆情事件,不能有效地进行及时补救等。在运营机构设置上,部分平台运营团队日常管理较为松散,各部门设置未能结合实际需求设置,以至于部分部门"忙的越忙,闲的越闲"的情况出现,且平台运营者闭门造车,把握不住主体的需要,长此以往较难实现稳定的思想政治教育功能,最终平台沦为"僵尸号"。

三是平台内容输出不定期且交互性差。高校中各网络思政平台可在各个时段进行内容的推送,较少有平台可以做到固定一个时间节点进行内容输出,经常出现"东打一枪,西打一炮"的情况,且平台经常在寒假和暑假出现断更的情况,极大程度影响着大学生用户的粘度,究其背后原因,高校大多数平台实际运营者均为学生群体,其因为不是专职人员,经常因生活学习、考试等因素影响内容输出,以至于多数平台不能定期定点的更新。新媒体最重要的特性是交互性和及时性,及时的参与感是建立受众和平台之间用户粘性的重要契机点,目前许多平台仅是完成了内容的推送,忽略了推送后平台与用户之间的互动,不能形成及时的交互,久而久之,用户将减少与平台互动。

(三)网络思政平台缺少精品内容

互联网时代下,海量的信息涌入,内容的粗制滥造,经常让用户花较长的时间进行内容的辨别,大量生产的同质化的内容逐步淹没精品化的作品。

一是内容同质化严重,缺少原创精品。高校中许多网络思政平台还处于发展的初期,还未摸索出属于自己的特色定位和发展路径,大部分内容的产出仍停留在各部门的工作记录,多数平台只是简单的"模仿""跟风"和"趁热点",内容同质化严重,致使大学生审美疲劳,究其背后原因,主要是平台定位不清晰,不了解大学生用户需求,少有策划的精品原创作品,以及宣传工作摸索僵化等。

二是内容产出滞后,脱离大学生实际生活。一方面,高校网络思政平台以输出内容聚焦时事热点的方式来吸引和引导大学生,但在操作过程中,部分平台更新内容滞后,无法吸引用户的关注、认同,且难以实现当代大学生的价值共鸣,满足大学生的精神需求,让高校平台逐渐丧失吸引力;另一方面,部分平台输出内容脱离大学生的实际生活,仅是机械式的思想政治说教和艰涩的理论灌输,内容单调晦涩,未能将思想教育内容融入日常生活之中,突出核心价值引领,将思想教育的理论性和生活性相统一。

三是内容展现形式单一,缺乏吸引性。在网络思政背景下,各高校普遍建立思想政治教育网站、社交媒体平台、移动客户端等,但许多输出作品形式贫乏单一,难以抓人眼球。随着5G互联网时代的到来,短视频的热潮受到越来越多年轻人的追捧,然而在高校网络思政作品中仍集中为图文内容形式的输出,相对视频形式上,图文制作简便,内容表达性好,视频形式制作复杂,往往需要一个团队进行制作,输出一期精品节目更是要耗费许多人力、物力等,对于网络思政教育平台,如何充分结合图文、音频、视频多种形式,制作内容精良、形式多样的作品,高效产出精品化的作品仍是诸多运营者一直思考的难题。

(四)网络思政平台运营团队存在不足

高校网络思政平台是当代大学生思想政治教育的重要阵地,是落实立德树人根本任务的内在要求。目前高校中除了思政类网站和校级的官方平台是以专职老师运营为主,其他平台阵地基本上处于一两名老师指导、监管和审核,学生群体兼职运营的模式。同学们主要负责平台的日常运营和维护,由于同学们未受过专业的培训和实操,大部分属于自我发挥的状态,往往会出现以下几个方面的不足。。

一是捕捉热点信息能力不足,面对热点事件或重要节日,学生团队难以及时、快速、准确地做出相应反应,缺乏"借东风"来进行网络思政的思维。

二是产出内容理论高度不够,网络思政平台与其他平台最大的本质在于思想的指引性,通过网络平台进行思想政治教育,融于高校师生生活之中,做到润物细无声的作用,部分平台由于运营学生团队无法将理论理解透彻,产出的内容多数仅仅停留在表面。

三是运营团队人员流动量大,缺乏稳定性。目前大部分平台日常运营和维护主要靠学生来运营,学生一方面受学业任务、寒暑假期和娱乐生活等因素影响,平台运营人员的时间极不稳定;另一方面,因人员的不稳定性导致团队的专业性难以提升,虽然新进入团队的同学经过一两年的培训和学习,在内容制作上、思维理解上都会有较大的提升,但学生因升学、就业等因素,迫使团队重新培养新的成员,反复周始,运营平台逐渐陷入"铁打的营盘流水的兵"的困境。

四是团队缺乏运营管理的能力,高校网络思政平台需要既懂技术又懂运营管理的人才,目前许多平台从上到下都属于兼职运营,指导老师多数还承担着运营平台外的其他工作,学生流动性的特点使平台管理难度加大,致使团队的管理难度加大。

团队运营存在多方的不足,使得平台难以形成连续性、专业性的合力,这将直接影响大学生用户的体验性,进而关注度也会越来越低,难以承担宣传主流意识形态思想的重任。

(五)大学生自身存在不足

当代的大学生个性鲜明,喜欢尝试新的事物,喜欢翱翔在海量的网络信息世界中,但由于大学生的个人阅历和网络信息辨别能力还不够成熟,往往会出现一些不足之处。

一方面网络信息辨别能力弱,当今网络信息时代,平台准入门槛较低,人人都能做自媒体,拥有发声、传播的阵地,网上充斥太多无效、虚假的信息,部分不法分子借助新媒体平台给虚假信息穿上合法合规的糖衣炮弹,让大学生真假难辨。高校大学生正处于人生观、世界观、价值观发展时期,由于缺乏较好的信息辨别能力,经常陷入虚假信息的陷阱,无法辨别真实、有效的信息。

另一方面,新媒介素养有待提高,新媒介素养是指在社交网络革命、互联网革命和移动革命的背景下,个人为了适应新的媒介环境和社会关系变化,构建更大、更好的社交网络,应该掌握的新的能力。面对漫天袭来的网络暴力、低俗信息等,当代大学生的新媒介素养正在养成中,比较容易受到不良信息的影响,从而影响其正确的思想道德修养,大学生作为重要的信息源,可随时随地在网上发表自身的言论和观点,故因不断加强新媒介素养,不断维持风清气正的网络环境。

五、高校网络思政平台建设和运营的具体措施

高校网络平台建设要坚持"主动积极、正面引导、加强管理、趋利避害、为我所用"的方针，做到与时俱进，不断探索工作的新思路、新方法，运用好新媒体等工具，做好大学生思想政治教育工作。

(一)加大思想政治教育与网络平台的融合

高校是教书育人的重要场所。做好高校网络思想教育工作，加强高校意识形态阵地建设，是一项战略工程、固本工程、铸魂工程。积极加强思想政治教育与网络平台的融合是时代赋予思政工作新的使命，运用网络平台来对高校师生进行思想政治教育打破了原本时间、空间的限定，不断丰富、完善思想内涵，使高校思政工作提效增值。作为高校工作者，不管是通过网络技术手段的思政课，还是形式多样的各种思政类新媒体平台，都应把握原则方向，加强组织领导，推进网络平台和思想政治教育的深度融合，增强思想政治教育的时代感和吸引力。

(二)完善管理机制，营造良好网络环境

习近平总书记指出："网络空间是亿万民众共同的精神家园。网络空间天朗气清、生态良好，符合人民利益。"一个良好的网络思政环境有利于培养和造就大学生成为德才兼备的构建社会主义事业的合格建设者和可靠接班人。建立完备的监管机制，营造良好的育人环境。从国家层面，国家关于规范网络平台运营的法律法规日益成熟，基本可以实现有法可依、有法必依，在遇到危害社会公众安全、扰乱社会治安、威胁个人利益的事件时从严处理，绝不姑息。从平台运营商层面，各大平台公司出台日常运营规范细则，如：腾讯公司实行《微信公众平台服务协议》等运行条款，对网络平台健康、有序运营起到重要作用。从各高校层面，各高校根据造就特殊的实际情况，出台高校网络平台运营相关管理办法，建立专门的监管部门，对每个平台实行实名管理制，责任落实到每一个负责人，并设立奖惩机制，切实维护好网络思政平台风清气正的网络环境，从而更好地开展网络育人工作。

(三)打造专业运营团队,提高网络思政平台管理水平

高校要不断加强网络思政平台的管理运营,必须打造专业运营团队,提升网络思政平台的管理水平,并与传统的思想政治队伍形成合力,多管齐下,不断助力高校的思想政治教育事业。

一是网络思政平台的管理与运营团队不仅要加强政治素养,注重理论知识学习,而且要不断进行技术学习与升级,逐渐形成一支支政治站位高、理论学习扎实、懂网络会技术的专业网络思政运营团队,将传统的思想政治教育工作和网络平台相结合,不断借助扩大思想政治教育的辐射力和影响力。

二是网络思政平台的管理与运营团队还需建立一支专业理论知识和管理能力过硬的监督管理队伍,随着网络技术的发展,许多不起眼的小事都有可能发酵成大的舆情事件,造成不可逆的影响。高校网络平台众多,不可控制因素较大,学校在管理网络平台的同时,还需重点打造一支舆情监管队伍,在日常工作中一旦发现有隐患的苗头,第一时间进行及时处理,有违规的网络平台及时进行整改。

三是高校要对现有的网络思政平台进行资源整合,避免多重部门各自为政,导致资源浪费,并定期开展技术知识培训,深化责任制制度,着力提升运营团队的综合能力。

(四)注重内容建设,提升网络思政作品质量

一是弘扬主流价值观,占领网络思政新阵地,网络思政平台的输出内容要突出思想政治教育内容,将思想性、知识性、趣味性融于一体,结合新时代大学生的特点,宣扬社会主义核心价值观,不断传递时代正能量。

二是网络思政不仅要做到输出内容的高质量,还需做到输出内容的数量足,目前许多的网络平台内容涵盖大学生的方方面面,部分平台为博得更多大学生用户的关注和流量,娱乐化作品偏多,高质量的思政作品有待更多产出。新时代的思想政治教育需融于高校的各层面,既可结合国家政策方针,又可展示校史校情,亦可表现大学生日常的学习生活、优秀个人事迹等,主流价值观念可以融入每一个作品中,潜移默化地影响着大学生的意识形态思想,促进其形成正确的价人生观、价值观和世

界观。

三是吸收流行语言,增强作品吸引力。习近平总书记强调:"提升思想政治教育亲和力和针对性,满足学生成长发展需求和期待。"传统的思想政治教育给人以单调、枯燥、晦涩等刻板印象,网络思政平台为解决以上固有印象可以在保证思想政治主体内容的同时,了解大学生用户的需求,积极探索年轻人喜闻乐见的表达方式,采用流行语言,推出欢乐、生动、有趣、符合大学生审美的高质量作品,从而提升思想政治教育的吸引力。

四是捕捉热点话题,巧用议程设置。众所周知,热点话题从不缺少关注,网络思政平台在生产内容时应紧紧结合热点时事、重大节日和热点话题,将大学生息息相关和感兴趣的话题融入思想政治教育元素,这不仅有不断变化的新鲜素材,同时还可以吸引更多的大学生进行关注,展现网络思政平台紧跟时代潮流的活力。

(五)引导大学生自我教育,增强主流文化认同感

一是提高大学生信息辨别能力。新媒体技术下,网络平台的匿名性、隐蔽性给不良虚假信息提供了温床。面对网上信息铺天盖地,大学生需做到不信谣不传谣,不轻易泄露自己的个人信息,遇到相关信息,多一分冷静思考,不断提升信息辨别能力。二是提升自身新媒介素养,网络信息更新迭代迅速,大学生需要善于发现并收集网络信息,面对各事件、评论时,先理清楚前因后果,进行理性思考和判断,培养批判性思维,不断提升自身新媒介素养。三是网络思政平台是一个重要窗口,它通过弘扬社会主义核心价值观、优秀传统文化和道德品质等教育内容,帮助新时代的大学生树立正确的价值观念,规范自己的言行,平台还可以将大学生的日常生活较好地展现出来,通过鼓励大学生参加"青年讲四史"演讲比赛,深入红色教育基地,开展革命红歌比赛等活动,在实践活动中对大学生进行思想政治教育,平台再将活动宣传到更多的人群,从而影响辐射更多的大学生增强主流文化认同感。

第五章　网文创作技巧及案例分析

　　继报纸、广播、电视等传统大众传媒之后,互联网以"第四媒体"的身份跻身为一种"社会流行的生活方式",深刻地影响着人们的思维方式和价值观念,成为撬动思想政治教育的新杠杆。在以"多元化"为显著特征的互联网空间中,内容创作始终是决定网络作品生命力和影响力的根本。习近平总书记在党的新闻舆论工作座谈会上强调,内容永远是根本,媒体融合发展必须坚持内容为王,以内容优势赢得发展优势。"内容为王"是网络思想政治教育在"多元"冲击下突出重围、抢占高地的"黄金法则"。本书以优秀网文创作为例,探讨优秀网文创作技巧,为广大网络思政工作者开展网络作品内容创作提供参考。

　　创作优秀的网文作品,犹如炮制一道精致大餐,在时机把握、素材烹调、形色设计上无不讲究,可以总结为时机、引子、主料、秘方、包装五个要素。

第一节　网络作品创作时机选择

　　好的思想政治教育时机是指在思想政治教育过程中,受教育者自发形成或受某些外部诱因引发而使其具有一定内部准备,进而迫切希求某些思想政治教育的关键时刻,它内在蕴含着转变受教育者思想、行为的可能性和最佳条件。思想政治教育的时机往往具有以下特点:发生非常规的事件或表现、引起一定范围的关注和讨论、对个体的认知造成一定的波动。此时,网文创作的话题度、自然热度已经具备,且学生对引导教育有内在需求。思想政治教育时机的运用需要教育者在思想政治教育工作中善于察言观色，择机而发。如：当国内外发生重大事件时，就是开展爱国主义教育的有利时机；在社会上发生重大灾害事件时，往往是开展生命教育、安全教育的有利时机；重大竞赛、隆重集会、盛大节日，是增强集体荣誉感和使命感的重要时机；学生入学、考试、就业等关键节点，往往是开展生涯指导、挫折教育、价值观引导的重要时机。尤其是当校园内外发生舆情事件，危机中往往蕴含教育契机，是网络思想政治教育不可回避的发声机会。

案例：

第九届"全国高校辅导员年度人物"、2020 年"最美高校辅导员"天津师范大学辅导员张家玮，作为全国最早一批利用网文创作开展思想教育的工作者，曾用一篇经典网文巧妙化解了一场潜在的舆论危机。

2017 年情人节，天津师范大学一名男同学在女生宿舍楼下，精心准备了蜡烛与鲜花，欲向心仪的女生表白，引来一大群同学围观。不料学校保安赶到，以安全考虑为由，用灭火器熄灭了蜡烛、驱逐了人群，一场精心设计的表白瞬间化为一地狼藉，事件迅速在校园传开，引发学生讨论，有人说保安职责所在，有人说学校不通人情，有人笑话、有人气愤，一场校园舆情正在发酵。当天，张家玮老师在自己运营微信公众号上发表了网文《情人节里谈浪漫》：

情人节里谈浪漫

随着文化的不断交流，青年男女对 2 月 14 日的热情近乎狂热，情人节已经成为中国传统节日之外的又一个重要节日。……今天随处都能看到手捧鲜花和巧克力的幸福女孩，这是男生送女生最经典的标配……浪漫确实是需要物质做基础的，于是我们见到了各种声势浩大的告白，创意一个比一个新颖，场面一个比一个气派，表白一个比一个深情，氛围一个比一个浪漫，每个女生都希望有这样一场轰轰烈烈的浪漫仪式，但并不是所有人都喜欢如此的浪漫……送对方一车玫瑰，浪漫，因为你有财力，送对方一支玫瑰，浪漫，因为你有诚意；闹市里单膝下跪，浪漫，因为你有勇气，两人一起小声说"我爱你"，浪漫，因为你有心意，浪漫不在于物质多少，而在于真心诚意……浪漫除了物质，更需要精神……楚霸王项羽与虞姬同富贵，共生死，浪漫；汉宣帝刘询继位后仍思民间妻子许平君，不畏强权，拒立大将军霍光的女儿为后，同荣华，共贫贱，浪漫……浪漫是有想象力，这些则需要发自内心的感情。我第一次见到别人摆蜡烛唱情歌时，觉得温馨浪漫，但现在习以为常……失去创造力的浪漫虽无新意……假如梁山伯与祝英台、罗密欧和朱丽叶屈服于封建教条,各自安稳度日,也不可能有传世佳话了,恰恰是他们敢于突破陋习,崇尚自由,才成就了经典的浪漫。

如果没有说明上述的背景,大概不会有人看出,这是一篇回应校园舆情的网文。文章没有一处点到校园中刚刚发生的"争议事件",全篇没有说教、指责之言辞。这就是作者运用网文开展思想政治教育的一大技巧:隐藏目的。因为学生们总是下意识认为"老师是为学校说话的",太过明显的说教、点评,往往难以被接受,反而容易遭至反感。隐藏教育目的是被学生接受的第一步。但"隐藏"不等于"回避"。校园舆情涉及学生的亲身利益,关注度广、发酵速度快、学生思想波动大,此时是思想政治教育引导介入的必要时机,用好了这一时机,则能达到事半功倍的教育效果。张家玮老师的网文全篇看似"漫谈"情人节,但却处处"点题":"我们见到了各种声势浩大的告白"指出表白行为的普遍,"浪漫不在于物质多少,而在于真心诚意"一语道破表白行为的本质。又从"浪漫需要物质""浪漫需要精神""浪漫需要想象力"三个层次,层层推进对"浪漫"的理解,一步步引导学生对"浪漫"的追求,从物质表面升华到精神内涵再到突破桎梏。全文娓娓道来、旁征博引,弥漫"浪漫"气息。如此,辅导员用一篇浪漫而不失深意的网文,将人们的关注从舆论本身转移到对意义的思考,利用一场潜在的危机为同学们上了一堂深刻的"浪漫教育"课。

第二节　巧妙切入引子

巧妙切入就像一道别出心裁的餐前小菜,网文创作的引子就是网文创作的切入点。网文吸引点击量的手段往往很有限,文章标题和开头的前两句话就能让读者决定是否继续读下去。可见,找准切入点是网文创作的必修之功。相比于网络思想政治教育中种种重大命题,与学生生活息息相关的各类小细节往往更能引起同感和共鸣,因此"大处着眼,小处着手"是网文创作切入可以参考的一项重要原则,创作者要善于从生活细节中挖掘与学生成长密切相关的教育意义,以最生动、最形象、最精准、最传神的话语表达出来,从而增强网络思想政治教育的吸引力、亲和力和感染力。网文创作引入有以下几种常见途径:一是以故事引入,"要让主流意识形态活跃起来,首先要进行故事传播,故事传播通俗易懂,能激起群众共鸣",二是借助网络热词,网络热词是反映社会事件、文化的一种方式,也是网络文化话语权的一种体现。其表现形式生动,并蕴含大学生普遍关注的议题,符合当代大学生心理诉求,在网络上得到广泛流传,因此是网文创作可借以提高关注度的一种手段。三是挖掘校园传统,每一所学校都有其引以为傲的传统或优势特点,在校园中有着普遍的认同,往往也能吸引同学们的关注。例如:在第二届全国高校网络宣传思想教育优秀作品推选展示活动中,获得网络文章二等奖的作品《在南审,你有没有读过家新的诗》,题中的"家新"就是南京审计大学校长王家新,创作者从校长的诗作中发问"他为什么要写诗?并且,勤奋执着地写诗?",进而讲到了诗歌的精神引导学生追求精神的富足。

案例:

第十二届"高校辅导员年度人物"荣誉称号获得者湖南大学辅导员杨文蕴,她运营的"蕴姐陪你写青春"公众号在学习、生活、工作中陪伴了无数青年学子成长,深受学生喜欢。以下是摘自她公众号中的一篇网文:

成年辅导员的崩溃就在于——又是你没打卡!

昨天有辅导员非常惆怅地找我谈心,她有个学生总是不打卡,班长也催了,辅导员也催了,还搬出了三天不打卡就会处分的"小鸡毛令箭"挥舞了,人家仍然是短信不回,电话不接,她不知道该怎么办了。

……

打卡这个事儿看起来是动动手指很简单,但是并不是一个"动不动"的事儿,而是一个"想不想"的事儿。

……

说到底,有些同学还是没有能做到统一思想。

那个千里送毒借用他人的绿码登上大巴的老太太,对疫情防控要求不管不顾,内心深处埋着的本质是"我行我素";

那些因为政府要求戴口罩,感觉自己的权利被"剥夺"而走上马路游行的外国人,内心深处埋着的本质是"极端自由";

那些故意隐瞒行程,知情不报的感染者造成抗疫工作进展受阻的人,内心深处埋着的本质是"自私冷漠"……

这些非常极端的本质是从哪里来的呢?

管中窥豹，小时候偷针，长大了……

所以，请不要"我行我素"，这颗种子如果今日种下，视校纪校规如粪土的你，今后会不会也视企业规章制度为无物？视法律为无物？

请不要"极端自由"，今天你要"自由"，明天会不会有很多人因为你所谓的"自由"感受到"被侵犯"，让众人感受到自己的劳动成果被践踏。

请不要"自私冷漠"，今天你对他人自私冷漠，明天你会不会失去了感受温暖和美好的能力和机会？

今天，我们在疫情防控这道关卡上需要同舟共济，未来我们还可能遇到其他考验和挑战，这条战线上，我们每一个人都别落下好吗？

大学生是这个社会很优秀的一群人，就疫情打卡这件小事情我们如果都不能做到统一思想，同心同力，如果以后再遇上了危急存亡的大事，你是会成为那个身先士卒，救民于水火的英雄，还是那个……

打卡很容易，统一思想不容易，我们只要能够统一思想就能打赢这场仗。

现在不用我们去前线挥汗如雨，只是拿出手机按时打个卡，不难，真不难。

说到底，真正让辅导员崩溃的不是你没有打卡，我们焦虑的是，亲爱的你将来会成长为什么样的人。

随着疫情防控的常态化，"每日打卡"已经成为学生工作日常，三令五申之下总有"漏网之鱼"，如果你是辅导员，你会怎么做？是"搬出了三天不打卡就会处分的'小鸡毛令箭'"，还是听之任之？杨文蕴老师用一篇网文循循善诱，赢得了理解。文章标题"成年辅导员的崩溃"改写自网络热词"成年人的崩溃就在一瞬间"，而将"崩溃"情绪和"学生不打卡"这一小事联系起来，既有反转又显得合情合理。作者先从学生"不打卡"这一生活细节入手，首先道明了这不是"动不动"的行为问题，而是"想不想"的思想问题，紧接着用"千里送毒""反口罩游行""隐瞒行程"等社会事件，指明了其背后"我行我素""极端自由""自私冷漠"的心理动因，指出了"不打卡"的本质及危害性。从简单"不打卡"问题背后，生发出来的是规则意识、集体意识、生命意识的拷问。最后，文章的结尾写道"真正让辅导员崩溃的不是你没有打卡，我们焦虑的是，亲爱的你将来会成长为什么样的人"，不仅回答了题目中辅导员真正的崩溃，更是给学生留下回味无穷的思考空间。这就是一篇"大处着眼、小处着手"的网文范例，谁看完了以后还会认为"不打卡"是一件小事呢？

第三节　用好主料见真章

　　好的内容输出要在说理上见真章,对于读者来说,一道网络大餐的真正营养在于作品所输出的价值观念。这是网络思政作品的根本与灵魂,也往往是创作最困难的部分。许多创作者只注意网络思想政治教育话语内容是否正确,是否坚持了正确的立场、观点和方法,而缺少生动丰富的表达手段,陷入"好的话语内容、差的话语表达",使得说理空洞抽象、枯燥乏味,不能打动学生心灵;但是,如果单纯追求吸引眼球的"爆点"一味迎合,就可能出现"泛娱乐化"倾向,肢解了网络文化作品的思想性,使之划向庸俗、轻浮。因此,创作者应学会"在有意思和有意义之间走钢索",既能够融会贯通地运用理论指导,依靠真理的力量,逻辑的力量将新问题、真问题、大问题抽丝剥茧,又能够用充满时代感的富有魅力的话语将道理讲明白、讲透彻、将生动,增强网络作品的说服力和感染力。弱传播理论认为:在舆论世界里,所有的属性与关系都可以转换为强弱的属性与关系。现实中的强者恰恰是舆论中的弱者,舆论的能量朝着有利于现实中弱者的方向运动。现实中的强者要在舆论中获得优势,必须与弱者相连接,必须从弱者中汲取舆论的能量。在思想政治教育的情境中,老师往往代表着权威与官方,处于强势的一方,希望相对处于"弱势"和"被动"的学生接受老师所表达的观点,就要主动贴近学生所思、所想、所感,先从学生的亲近中获取被认同的力量。而好的观点输出往往不需要长篇大论,一句一针见血、直指人心的"金句",会成为文章的最好"记忆点",远胜于千篇一律的说教。

　　案例:

　　华中农业大学辅导员祝鑫从 2009 年开始进行网络创作,撰写了超80 万字的博文,先后获得"最美高校辅导员""全国高校辅导员年度人物",入选教育部"高校网络教育名师"培育支持计划,两次受到习近平总书记接见。她设立的"鑫巴同学"微信公众号,已经成为华中农业大学的一张名片。以下是摘自"鑫巴同学"的推文:

50%的华农学生 0:00 之后入睡

生活当中的问题往往在问候语中暴露得淋漓尽致。

20 世纪六七十年代温饱还是问题的时候,人人见面先问一句"吃了吗您?"。现在的情况是下了早课的大学生,睡眼惺忪气若游丝地默契开口,"你昨晚几点睡的?"。

根据我们收回的 378 份有效问卷的答案,华农在校大学生在 0:00 之后睡觉的人数占了 50%。

……

还有值得我们关注的一点是——意识到并且承认熬夜对第二天正常学习生活有消极影响的人数占 60% 以上。

但我们依然选择熬夜。

……

对于熬夜,我们则像是带有天生的妥协感。

我们一遍又一遍地开着"晚睡没头发"的玩笑,却宁愿在凌晨打开手机淘宝搜索关键词"生发液",也不愿意关上手机乖乖睡觉。

直到前段时间火起来的一词——报复性熬夜,可以很好解释这样的一个现象。

报复性熬夜,指的是白天过得忙碌琐碎,便想通过熬夜延续时间企图报复被榨干的白天。

心理学里有个专业名词叫代偿机制,意思就是用一个事物去代替和补偿自己的缺陷,用来缓解痛苦。

所以我觉得,报复性熬夜与其说是报复被榨干的白天生活,不如说是大家用挤压夜晚所得到的时间,对白天忙碌焦虑的自己一点补偿。

在鑫巴 2018 年发布的一篇《同学,别熬夜了,对手机不好!》推文中,有条留言令我印象深刻。

"只有通过熬夜,我才能找到那个最真实的自己。"

"最真实"这三个字太有重量。

不禁让人疑问熬夜时的我们到底做了些什么,以至于守得云开见月明,"最真实"的自己竟然在一片黑暗中的手机荧光中浮现。

从回收到的数据,我们不难看出,除去预习、复习、作业和社团 ddl 这样的硬性任务,大部分人的熬夜无非是与手机为伴,而且无目的地玩手机比有目的占比还要多。

玩手机,这个被诟病已久的现代科技习惯问题,却不知不觉成了我们多少不睡觉的夜晚的缓冲。

为什么呢？

按照报复性熬夜的原因我们可以得出一个结论——因为我们每个人都需要一段属于自己的时间。

是扎扎实实的一段时间，既不会被突如其来的任务打断，也不用去想自己不感兴趣的问题，即使是做一些无意义的事，在这段时间内，我也完全属于我自己。

所以当夜晚降临，盖好被子，拿出手机，玩自己喜欢的游戏，刷自己感兴趣的讯息，无疑是最方便快捷通往自我的选项。

但事实是这样吗？

如果说承认报复性熬夜是为了获得一段合理的属于自我的时间，这不禁会让人质疑"白天的时间用来干嘛去了？"。

如果不是因为在白天的自己身上找不到存在感，又为何会沉迷于靠拖延夜晚，来躲避第二天的太阳呢？

我们都知道，大学生是容易焦虑的群体。铺天盖地的"优秀的同龄人"通稿将我们打得晕头转向，我们害怕被落下。

但又像是没有来得及扬好帆的小船，拼尽全力却只是四周盘旋。

在自习室里刷到别人丰富的课后娱乐生活，我焦虑；在外面游玩时看到同班同学已经在刊物上发表论文，现在还泡在实验室，我焦虑；在躺在寝室小床上想睡个午觉，发现隔壁宿舍的朋友又是兼职又是创业，我焦虑。

白天全都用来焦虑，哪里留有空间给自我？没有自我满足感的忙碌，都是自欺欺人的假象。

不能改变的事实是一天只有 24 个小时。

正确的解题思路应该是尽力从白天的自己身上找到存在感，而不是一味地增长夜晚的时间。

不要用忙碌的白天骗过了自己的同时，继续用着"自由"的理由骗走睡眠。不足的睡眠只会是一个又一个飞逝日子的恶性循环。

说起熬夜与个人时间的关系，不知道大家还记不记得寒假一个话题，那就是"996"工作制。

"996"指的是一周有 6 天时间工作，工作日期间早上 9 点上班，晚上 9 点下班。

不考虑继续升学读研究生的话，则意味着四年过后的我们都将面临着走向社会这个过程。

在这里我们先不探讨"996"这个制度是否合不合理,但有一个摆在我们眼前的事实就是,走出象牙塔,我们表面上的属于个人时间会越来越少。

我们可能会为了工作加班而错过一次想看很久的电影;我们可能会为了陪小孩儿而与一场音乐剧无缘;我们可能只想插着耳机安静地一个人待会儿,但伴侣提醒你这次厨房的碗轮到你来刷。

这么看来,这群最缺少个人时间的大人,最具有熬夜的资格。

但从我们的父母、老师那可以观察到,这些在白天事无巨细地处理工作、生活的大人们,依旧是那群保持早睡早起的习惯,同时还不忘教训我们不要熬夜的大人们。

他们是没有自我的一群人吗?难道是岁月剥夺了他们身上的独特性吗?

其实并不。

岁月只不过是给原本单一的个人当中加入了更多几味调料——热爱的职业,至亲的家人,社会的责任感。

所以熬夜才不是酷小孩的标志,更不是重视自我的借口。

我们尊重自己自由的灵魂,但我们更尊重日出月落的规律。

很多时候我们会打趣,老年人才早睡,熬夜是年轻人的特权。但在这里我想给大家分享一句话——晚睡并不酷,早起才牛逼。

保持健康而又自律的生活习惯,你才是最酷的年轻人。

答应我,今晚早点睡好吗?

晚安。

熬夜已经"熬"成现代年轻人的通病。文章开篇就以"生活当中的问题往往在问候语中暴露得淋漓尽致""你昨晚几点睡的?"展现了观察入微的生活洞见,抓人眼球。随后,通过校园问卷调查数据,展示了大学生熬夜的普遍,以及明知熬夜有危害却仍然选择熬夜的情况之普遍,得出了初步结论"对于熬夜,我们则像是带有天生的妥协感",紧接着引出"报复性熬夜"的概念,对熬夜现象进行归因,但文章还用"代偿机制"的专业心理名词,进一步解释了学生熬夜背后的心理活动是"对白天忙碌焦虑的自己一点补偿",提升了文章说理的专业性。学生是如何通过熬夜补偿自己的呢?文章引用了学生的评论"只有通过熬夜,我才能找到那个最真实的自己",在此,作者做出了精彩绝伦的抽丝剥茧一般的分析:既然"调查显示大部人刷手机是漫无目的的",那么我们熬夜目的其实只是希望有一段"不被打扰的时间",但如果我们用夜晚休闲的时间"通往自我",那么忙碌的白天"存在感"何在呢？原因是"白天的时间都用来焦虑",面对"优秀的同龄人",大部分人像是"没有来得及扬好帆的小船","焦虑"得四处打转。所以真正的问题出在了"没有自我满足感的忙碌"。至此，文章深刻地剖析了熬夜背后的心理成因，有意识地引用了学生评论，并入木三分地刻画了当代大学生的焦虑感、无意义感，站在学生立场上道出了熬夜的无奈、道出了他们的不知所措，捕获了学生们深深的共鸣和认同。但好的说理文章，不是一味附和，展现理解的同时，给出"答案"才是思政文章的使命。作者举例：被迫"996"的大人，拥有更少的自我支配的时间，却依然保持着早睡早起的习惯，他们是"没有自我"的一群人吗？显然不是。所以，不熬夜的答案是"热爱的职业，至亲的家人，社会的责任感"，作者没有以那些高不可攀、功勋卓著、意志坚韧的名人、伟人为例，仅仅是列举身边那些最平凡的普通人，给出了最质朴的答案，但恰恰因为答案足够质朴才具有令人无法反驳的力量。最后，作者给出了金句"我们尊重自己自由的灵魂，但我们更尊重日出月落的规律"，简短、有力。这篇文章在说理时，运用了生活场景描述、数据说明、专业名词并引用了学生评论，说理的手段丰富、贴近学生且融于一体，在态度上既"感同身受"的同时又"保持清醒"，不仅精准刻画了学生精神状态、抓住了熬夜的"要害"，还关照了"内卷""996"等社会现象，为当代年轻人的无意义感"号脉"，彰显了作者对生活的洞察以及深厚的人文情怀。

第四节　把握住真挚情感和适当包装这一秘方

唯有真挚的情感能够直抵人心，思想政治教育从本质上说，是做人的工作。开展网络育人可以说是一项表达爱的艺术。要有深厚的爱国主义情怀，才能将艰涩难懂的政治理论内化为关照民族命运、社会发展的深刻见地，生发出信仰的力量，并以此感召学生；要有深厚的人文情怀，才能在高速运行的社会之下、纷繁复杂的网络争论中精准洞见关于人生价值、社会文明深刻话题，在千篇一律的说教中获得更高的视角；要有深厚的育人情怀,才能在学生习以为常的生活中,及时识别出具有教育意义的细节,深刻地理解青年之需、青年所想,用滚烫的灵魂和真挚情感与学生对话。真情实感,是融会贯通一切技巧的基础,所有技巧的运用必须服从于写作者的情感表达,但情感又超越技巧,或者说抛开一切技巧,情感已然是一篇文章最好的武器。好的网络思想政治教育文章,要做到言中有理,话中有情,情理交融,以情感人。上述提到的案例《成年辅导员的崩溃就在于——又是你没打卡!》,有学生评论:"我真的哭死,导员怎么这么温柔",就是以温柔的情感力量打动了学生。"00后"已成为大学生的主体,作为"网生代"的他们思考和思维方式呈现出新的特点,但情感却始终是共通的,情感的穿透力会跨越表达方式的不同、跨越师生之间代际差异、跨越文字表达的限制直接抵达人心,而动心动情就是对思想政治教育工作最好的认同了。

加以网络化包装才能色香味俱全,网络文化作品创作以互联网为传播媒介,其受众中已经适应网络碎片化传播方式的青年学生,因此网络文化作品有必要经过一定的"网络化"包装,以获得更高的关注度和传播量。一是结构要轻盈。网络阅读讲究的是"短频快",除非必要,不然过长的篇幅会降低读者兴趣,不仅如此,文章段落的篇幅过长也会带来阅读负担,在网文中"一句成段"的排版比比皆是,既可以突出重点强调的句子,还能提高阅读的流畅性(实现快速地向下刷屏,带来阅读快感)。二是形式要丰富。网络阅读已经从"文字为王"到"读图时代"再过渡到"视频快餐"阶段,因此可以在网文创作中,适当融入视频、音频、图片、文字、数字、动漫、符号等多媒体表达手段,形成光、声、影等多重感官刺激,以文章提升表达效果。三是表达要生动。要转变表达惯性,强调平等对话,将网络思想政治教育话语,转换为生活话语、大众话语、网络话语,用学生喜闻乐见的网言网语、微言微语、新言新语表达网络思想政治教育话语内容,用浅显的语言和生动的话语,表达深刻的道理,形象地反映学生诉求,拉近与学生读者的距离。但需要注意的是,让结构轻盈,要求的是写作开门见山、言简意赅、一语中的,而非单纯地缩减篇幅,分段不应机械地追求"碎片化",而要服从于表达的需要,以精简的形式创造更好的阅读体验。让形式丰富化,不意味着要生搬硬抄网络流行的符号,而是要在真正理解网络文化和青年文化的基础上进行应用,比如,微信中的"微笑表情"在学生实际应用中代表着"无奈",如果错误应用,反而贻笑大方。让表达生动化,并不意味着否定专业的理论表达,在说理的关键处、深处，应一本正经、掷地有声。对网络文章进行"网络化"包装，决不能消解创作的严肃性以及观点输出的政治性，切忌"喧宾夺主""哗众取巧"，重在"恰如其分""锦上添花"。

许多网络思政工作者苦于网文创作的背后沉甸甸的宏大命题，而感到难以下手；还有许多网络思政工作者在提升网文说理性和提高阅读量的双重难题中找不到出口。舆论的次理论认为，主流舆论最好不传播，因为主流舆论的认同已经完成，并不需要大面积地争取。事实上，开展网络思想政治教育不需要声嘶力竭，议题设置理论认为："大众传播媒介虽然不能决定公众怎么想，却能在很大程度上决定公众想什么"，网络思想政治工作者所要做的不过是坚持不懈地发声，在网络世界的暗流涌动中，以正确的政治导向、正向的观点输出深厚的家国情怀，持续地潜移默化引导祖国青年做出积极地思考。而如何写出一篇好文章，归根结底有赖于日复一日的积累，放眼张家玮、杨文蕴、祝鑫等网络思政名家，无不是坚持了 10 年以上，积累了几十万字体量的作品，才能沉淀出真正的精品。网络思政的舞台方兴未艾，时代正呼唤着更多有力度的网络文化作品。

第六章　短视频作品拍摄技巧

　　思想政治教育工作本质上是做人的工作,高校思想政治教育工作的主体和对象就是大学生,密切关注大学生思想行为出现的新特点和新变化,是做好高校思想政治教育工作的应有之义。而大学生作为短视频传播的主力军,短视频的走红传播对大学生的成长发展既有消极影响,又有积极作用。为此,在短视频传播背景下做好育人工作,是高校辅导员队伍亟待解决的课题。同时,在短视频传播背景下,大学生思想政治教育工作也面临着机遇和挑战,一方面,短视频传播新媒介有利于拓展思想政治教育工作新场域、畅通思想政治教育工作新关系、丰富思想政治教育工作新手段、增强思想政治教育工作的针对性和时效性;但另一方面,短视频传播的低门槛性、广泛性、虚拟性、多样性等特点,使得思想政治教育工作的教育主体面临"去中心化"、教育客体出现"复杂化"、教育环体"拟态化"、教育介体"式微化"等困境。如何突破这些困境自然而然也就成为短视频传播背景下推动大学生思想政治教育工作创新发展的难点和重点,而短视频的相关传播优势又为破解这些困境提供了一定的理念和方法借鉴,这对于推动大学生思想政治教育工作的更好发展具有一定的理论意义和现实意义,同时也是将大学生思想政治教育工作做活、做新的尝试。

第一节　短视频基础知识

　　短视频作为一种传播平台而言,它是连接人与信息的一种媒介;作为一种传播形式而言,它是区别于以往以固定 PC 端为传播载体的长视频的一种信息传播方式。短视频传播背景下如何创作出优秀的网络文化作品进而推进大学生思想政治教育工作创新发展,首先要对短视频及其传播的基本概况做一初步探究。要求科学界定短视频内涵,准确把握短视频基本类型,合理梳理短视频发展过程,深入了解短视频传播基本特征,这是进一步探析短视频传播对大学生思想观念产生的相关影响以及在大学生思想政治教育工作中合理应用的基础和条件。

一、什么是短视频

短视频是一种继文字、图片、传统视频之后新兴的互联网内容传播形式,它融合了文字、语音和视频,可以更加直观、立体地满足用户表达和沟通的需求,满足用户相互之间展示与分享信息的诉求。短视频的长度以"秒"计数,主要依托于移动智能终端实现快速拍摄和美化编辑,可以在社交媒体平台实现实时分享,是一种新型的媒体传播渠道。

当前短视频行业正在快速发展,用户数量、行业规模和社会影响力持续提高,已经成为移动互联网业态的重要组成部分。抖音、快手等头部短视频平台在下载量、排行榜和应用市场评论数等维度均体现出强大的竞争力,西瓜视频、抖音火山版、微视、美拍、秒拍等短视频平台以独特的用户定位吸引着不同的用户群,尤其一些新兴的短视频平台聚焦垂直细分领域,为行业发展持续注入新鲜血液,短视频平台格局呈现出"两超多强"新兴平台百花齐放的局面。

二、短视频的六大特点

短视频与传统视频相比,主要以"短"见长,其主要特点如下。

(一)短小精悍,内容丰富

短视频的时长一般在 15 秒到 5 分钟之间,其内容融合了技能分享、幽默娱乐、时尚潮流、社会热点、街头采访、公益教育、广告创意、商业定制等。短视频短小精悍,内容丰富,题材多样,灵动有趣,娱乐性强,注重在前 3 秒吸引用户,视频节奏快,内容紧凑,符合用户碎片化的阅读习惯。

（二）门槛低，生产流程简单

相较于传统视频，短视频大大降低了生产和传播的门槛，实现了生产流程简单化，甚至创作者利用一部手机就可以完成拍摄、制作、上传与分享。目前主流的短视频 APP 中，大都具有一键添加滤镜和特效等功能，各种功能简单易学，使用门槛低。

（三）富有创意，极具个性化

短视频的内容更加丰富，表现形式也更加多元化，更符合"90 后"和"00 后"个性化和多元化的审美需求。用户可以运用充满个性和创造力的制作和剪辑手法创作出精美、震撼的短视频，以此来表达个人想法和创意。例如，运用比较动感的节奏，或者加入幽默的内容，或者进行解说和评论等，让短视频变得更加新颖。

（四）传播迅速，交互性强

短视频的传播门槛低，渠道多样，容易实现裂变式传播与熟人间传播，轻松实现直接在平台上分享自己制作的视频，以及观看、评论、点赞他人的视频。丰富的传播渠道和方式能够使短视频传播的力度大、范围广、交互性强。

（五）观点鲜明，信息接受度高

在快节奏的生活方式下，大多数人在获取日常信息时习惯追求"短、平、快"的消费方式。短视频传播的信息观点鲜明、内容集中、言简意赅，容易被用户理解与接受。

（六）目标精准，触发营销效应

与其他营销方式相比，短视频营销可以准确地找到目标用户，实现精准营销。短视频平台通常会设置搜索框，对搜索引擎进行优化，而用户一般会在平台上搜索关键词，这一行为使短视频营销更加精准。我们在"刷"短视频时经常会"刷"到广告，甚至短视频界面还有添加商品到购物车的链接,这便是短视频触发的营销效应,很多广告商都会和短视频平台合作来推销产品或者传播品牌。

三、短视频的主要类型

随着互联网产业"风口"的出现,各类短视频 APP 乘风破浪,如雨后春笋般涌现,单从短视频传播的外部表现形式而言,区别仅在于其运营商和名称的不同,其运营机制和传播特点具有很强的相似性。因此,对短视频类型的划分主要是基于其传播内容、传播风格和价值导向而言,根据这一标准定位,可以将短视频传播主要归类为自我表现型、草根恶搞型、跟风模仿型、媒体政务型四种类型。

(一)自我表现型

这类短视频传播内容的生成主要以 UGC(用户原创内容)为生产机制和传播模式,具体而言,就是传播主体利用短视频制作低门槛、操作简易、元素丰富等特性,以自我创意为核心,借助短视频传播平台向他人表达个人的态度情感、展现个人生活状态的一类短视频传播内容。在这种以自我为中心的内容生产机制下,自我表现型的短视频传播内容可以说是"上至宇宙星空、世界和平。下到柴米油盐、家长里短,无所不含。"这也与短视频自身所包含的炫酷特效、搞怪道具、音乐饰品等基本元素密不可分,因为相比于传统专业的视频剪辑制作,短视频所提供的制作工具更为大众化和简易化,在降低大众参与门槛的同时,激发了个体参与的主动性和积极性,为激发参与个体的潜能和创造力提供了丰富素材和无限可能,使得每个传播主体实现了自己的"导演梦"。

从微观层面即参与个体的角度来说,短视频的出现拓展了人们展现自我的平台,在一定程度上满足了人们渴望被关注、被理解的心理需求。可以说,用户的主动参与、积极创新是推动短视频传播媒介发展的根本动力。从大的层面来说,自我表现型短视频还是对传统工艺和文化传承的重要体现,特别是短视频传播给一些散落在民间的传统艺人和技艺提供了展示自我、展现技艺的机会和平台。如许多民间手艺人选择用短视频这种大众所喜闻乐见的传播形式记录特色手艺、分享淳朴匠心,通过用户的裂变式传播引起大众的广泛关注,在给散落在民间的传统文化和技艺带去新的活力与希望的同时,也是对新时代工匠精神的最新诠释和广泛弘扬。

(二)草根恶搞型

这类短视频传播内容主要以幽默、娱乐、新奇为主要价值导向,传播主体多是以"草根"即普通大众为主,内容传播一般是以追求"点赞量"、获取"关注"、赢得"礼物"为主要目的,带有很强的功利色彩。"草根"最初是指一些出生普通的弱势阶层借助一定平台意外"走红"的一种社会现象,随着"草根"群体的壮大,"草根文化"作为一种特殊的文化潮流现象相伴而生。"草根文化"作为一种亚文化,在一定意义上丰富了人们的文化生活,补充了人们的精神需求,是对主流文化的重要补充,但因其同时所具有的落后性和腐蚀性,又在一定程度上为社会主流价值观念的培养造成了冲击。以"抖音"为例,有关统计表明,近82.3%的大学生抖音用户对娱乐恶搞内容更为关注,换言之,大部分学生个体参与短视频传播的主要目的是为了追求新奇、消费文化,更有甚者将"草根"作为谋取利益的名片和手段。这也与短视频传播的商品化趋势和精神消费功能密切相关,特别是当短视频传播的文化消费主义观念日渐凸显时,"民众的无意识选择也日渐明显,在这个省略了文化思考、建构过程的快节奏平台,网络短视频逐步沦为人们学习工作之余追求短时间视觉刺激的工具"。许多参与主体冠之以"草根"之名不惜违背社会主流价值观念,创作一些炫富攀比、拜金奢靡、恶意丑化的低俗内容来博取大众眼球。这些视听信息涌入民众视野时,尤其是青年人的价值观念势必会受到低俗价值观的冲击,不利于社会主义核心价值观的培育和践行。

存在即是合理,却不一定是真理,草根恶搞型短视频利用互联网传播的即时性和虚拟性,在为受众创造出色彩斑斓的文化产品的同时,也对受众的价值选择和价值判断形成了极大的干扰,甚至可以说,"民众对短视频所谓不可分割的依赖,更多并非来源于深度的思考",更多的是仅仅停留在对表面现象的追逐。人们获得的往往只是"即时的快感和心理的满足,使得人们对视觉影像的依赖性越来越强。有视觉冲击力的感官作品不断被生产并促成大量景观的堆积,用户深陷其中,认知和思维方式都在一定程度上受到了影响……用户在'被观看'和'被消费'中又被无形规训"。可见,在短视频传播内容的泛娱乐化倾向较为严重的今天,加强其内容监管和价值导向势在必行。

(三)跟风模仿型

这一类型的短视频传播内容同质化程度较为严重,内容缺乏创新性且质量较低。这是由于此类内容的产生主要是以"意见领袖"为导向,"意见领袖"作为短视频内容生产的主要力量,一般由明星、权威人士或者有某种特长的人构成,由于他们因自身的影响力原本就具有相当数量的"粉丝",自带流量,因此,他们创作的内容吸引力强、原创性强、公信力高,正是由于这一特性,因而"意见领袖"所创造的内容更容易主导短视频传播内容的话题走向,成为诱发其传播内容同质化现象的主要原因。同质化是个体在传播内容的创作、表现形式等方面相互模仿,逐渐趋于一致的现象。当下,制约短视频行业发展的瓶颈之一就是传播内容的同质化现象较为严重,很大一部分参与主体对短视频的生产主要依靠对"意见领袖"创作内容的模范、改编,模仿和改编甚至已成为当下短视频内容生产的一种主流趋势和方式。

模仿作为短视频创作类内容的一种重要生产方式,主要体现为参与个体通过自身的实际参与,模范"意见领袖"或其感兴趣的其他内容,进而形成画面一致、内容一致、"主角"不同的"新"内容,这类内容其实是参与个体对他人创作内容原封不动地照搬,是对"偶像"的盲目跟风,无法真正体现参与个体自身的个性和魅力,无法保持短视频传播内容的鲜活动力。改编是短视频内容生产的又一重要模式。不同于模仿的是,改编是在原有内容的基础上又注入了主体的创造性因素,使得传播内容更加丰富、更为独特。但总的来看,无论是对同一主题的模仿还是改编,这都是个体有意识的一种生产行为,其目的都是参与者想要达到某种传播效果,从而引起别人的关注,都是参与个体敢于、乐于、善于参与的一种表现,抓住这一动机,如思想政治教育工作者借助短视频传播平台加以合理引导,那么,这在一定程度上有利于激发参与个体的积极性和创造性,为推动社会发展激发创造活力。

(四)媒体政务型

短视频发展初期所传播的内容主要是供受众娱乐消遣,但随着其爆发式"走红",庞大的受众基础使得政务新媒体不得不开始重视短视频这一信息传播新阵地,各类官方政务新媒体在各类短视频传播平台"闪亮登场",中央及地方党政机构纷纷入驻短视频平台,媒体政务型短视频呈现井喷之势。为此,国家高度肯定和鼓励各级机构入驻新媒体平台,并提出加大短视频正能量供给力度。媒体政务型短视频的兴起,不仅是党政机构积极探索信息传播新渠道的大胆创新尝试,而且与短视频行业发展所暴露的诸多问题有重要关系。

具体而言,一方面,借助短视频传播的庞大受众基础和新颖的传播形式,不少政府机构纷纷入驻短视频平台,开启"短视频＋政务"的工作模式,利用其传播特征推动舆论宣传工作更好发展。不同于以往微博、微信等政务新媒体以图文信息为主的传播形式,以资讯、政策解读为主的传播内容,媒体政务短视频则借助于短视频传播的低门槛性、亲民性等特征,融入受众喜闻乐见、通俗易懂的内容,用趣味化、接地气的方式进行政策解读、科普介绍,大大增强了媒体政务工作的感染力和透明度。以"抖音"为例,目前,已入驻抖音的政务媒体类账号超过2800家,2019年8月份,包括生态环境部、国家卫生健康委员会、国资委等在内的11家政府、媒体机构,联合抖音短视频在北京举办了政务媒体抖音号大会,"北京SWAT"(北京市公安局反恐怖和特警总队)、"中国长安网"(中央政法委)等政务官方账号都拥有上百万的粉丝,真正成为"网红"级别政务新媒体。这为今后进一步增强政务工作公开性的探索奠定了基础。

另一方面,官媒政务类账号的入驻是规范和引导短视频行业健康、持续发展的推动力。短视频行业蓬勃发展的同时暴露的问题引人深思,个人价值观错位、审美扭曲、个人品格偏离等问题成为制约短视频行业发展的阻力,短视频行业整顿渐成常态。因此,越来越多的官方主流媒体相继入驻短视频传播平台,为短视频行业的长足发展保驾续航。如人民日报、新华社、光明日报等将短视频平台作为主要的宣传阵地,通过讲身边人、谈身边事,传播正能量,积极探索"短视频＋宣传"模式,有利于激浊扬清,净化短视频传播空间,给广大受众特别是青少年营造一个主旋律响亮、正能量充沛的网络视频空间。这不仅是今后短视频行业良性发展的必然趋势,更是当前加强我国宣传思想工作的重要体现。

第二节　短视频主题的选择

一、找准定位，为自己贴上明确的标签

标签化是当今生活中一种十分常见的现象，无论是地域、性别、职业，还是性格、样貌、文化等，都可以成为一个人的标签。贴标签，就是找到适合自己的风格，以及自己擅长的领域，树立自己的个性形象，使自己在公众心目中的形象更立体、更鲜明。例如，看到美食类型的短视频马上就会想到"密子君"，看到搞笑类型的短视频就会想到"papi酱"。只有找准自己的定位，贴上适合自己的标签，才能更有效地推广自己的短视频。在为短视频定位时，需要从以下三个方面进行考虑，如图所示。

我是谁：选择合适的短视频题材（题材定位）

找准定位

我如何实现这种价值：确定短视频的格调（风格定位）

我要传递何种价值：创作恰当的内容（内容定位）

（一）我是谁：选择合适的短视频题材

在创作短视频之前，首先要在心中问自己：我是谁？我适合创作哪种题材的短视频？我擅长经营哪种类型的短视频账号？只有确定了短视频的题材，才能明确短视频的创作方向，并沿着这个方向进行具体的内容生产工作。以抖音为例，比较受用户喜欢的题材类型如下。

（1）励志类。用自强不息的奋斗精神和感人的创业故事来鼓舞更多的人，传播正能量。（2）旅游类。人人都有好奇心，对于没有去过的地

方，没有见过的事物都想一探究竟，这类题材能够满足人们的好奇心和对美的追求。（3）美食类。只要创作者热爱美食，并擅长制作美食，就无须担心这个领域有很多竞争对手，只要能拍出自己的特色，就可以俘获大量的用户，哪怕是一碗泡面，只要有足够的创意，拍出的作品也有可能脱颖而出。此外，还有时尚美妆类、萌宝萌宠类、技能才艺类、娱乐搞笑类、生活情感类等题材类型。

需要注意的是，题材的范围并不是固定不变的，范围可大可小。创作者可以将所选的题材类型垂直细化。例如，如果把题材定位在"唱歌"方面，既可以选择通俗歌曲，也可以选择民族歌曲；如果把题材定位在"舞蹈"方面，既可以选择现代舞，也可以选择古典舞。同理，在设计思政教育类短视频，也要对自己的创作题材进行细分，可以自下而上选择从大学生在日常学习生活中关注的热点话题入手进行分类，如"大一新生""寝室生活""恋爱问题""考研就业"等，也可以自上而下选择教育部思政司年度工作要点进行展开，如"党史学习""四史宣传""习近平新时代中国特色社会主义思想"等。

（二）我要传递何种价值：创作恰当的内容

确定了题材，明确了创作方向后，接下来就要思考内容定位，即回答"我要传递何种价值"这个问题。如果说题材定位是搭建框架，那么内容定位就是在这个框架内浇筑"混凝土"，只有两者有机结合，才能建造出能够彰显个性的"高楼大厦"。

在进行内容定位时，要始终牢牢把握住一点，那就是要传递什么价值。在"内容为王"的时代，只有当用户看完短视频后觉得内容有价值，他们才会关注创作者，持续观看其更多的作品。

短视频内容要体现出自己的价值观念，而且要使这个价值观念与用户趋于一致，这样才更容易打动用户，使其产生共鸣，促使其传播扩散，进而提高短视频的播放量。

例如，抖音账号"山村小杰"短视频内容描绘的是一对农村青年男女的生活方式和相处模式，男主人公小杰动手能力很强，家中的家具或使用的工具等都是自己亲手制作的，更让人感动的是这些物品大多都是为女友专门制作的，如戒指、水晶鞋、跑步机等各种各样暖心的物品，不少"粉丝"被小杰的聪明手巧所吸引，但更多的人是被他们这种"执子之手，与子偕老"的情感生活所感动,短视频从描绘他们生活的点滴中传递爱情的力量,引发用户的情感共鸣。

对于高校思政教育短视频的创作者来说,最开始可能既没有"人气"基础,又没有足够的曝光率和知名度,要想引起学生的关注,内容是最关键的要素。因此,一方面要保证短视频内容立意新颖,内涵丰富,融入价值情感;另一方面,要注重打造内容细节,在细节上要能给用户带来"惊喜",避免千篇一律,这样既能加深用户对内容和账号的印象,又能吸引其持续关注。

(三)我如何实现这种价值:确定短视频的格调

确定短视频的格调,就是确定短视频的风格定位。在有了创意内容之后,接下来就要思考"我如何实现这种价值",选择什么样的展现形式来诠释短视频主题,例如,是用一段完整、连贯的视频,还是用一张张串联起来的图片?是准备真人出镜,还是采用卡通动画形象?是解说评论,还是街头采访?是想渲染浪漫唯美的气氛,还是选择幽默搞笑的风格?

例如,抖音账号"李子柒"就采用了一种世外桃源般的视频风格,闲云野鹤、田园人家的视频格调激发了大批住在城市格子间的都市白领的向往之情,这种既唯美又接地气的人物形象吸引了无数人的目光。

需要强调的是,当短视频创作者选择了一种视频风格以后,就要长期坚持下去。只有这样,这种风格才会成为自己的标签,深刻地烙印在"粉丝"们的心中。当他们一看到类似风格的短视频,就会情不自禁地联想。

对于短视频创作来说,找准题材是前提,做好内容定位是基础,而选好风格定位是精准吸引目标用户的关键。总之,只要让用户在看到短视频的瞬间能够立刻知晓该短视频账号是做什么的,并且保证短视频内容有足够的吸引力,待用户观看完以后能够领悟短视频所传递的信息价值且印象深刻,那么这样的定位就是成功的。

二、自我分析,锁定自己擅长的领域

当前短视频行业全面爆发,高校思想政治教育工作者都想搭上短视频流量的顺风车,实现网络思政教育的目标。而要想实现这一目标,就必须建立在定位明确、突出自身优势的基础上。短视频创作者通过进行自我分析,锁定自己擅长的领域,向用户展示出自己的特色,用强大的表现力诠释自己独特的优势。下面将从教师个人账号和组织(学校/学院)账号两个角度,分别阐述内容定位的方法。

(一)个人账号:梳理优势,强化专长

运营教师个人账号时,首先要对自己进行客观分析,梳理各项优势,从而找到自己擅长的领域,进而突出特长,强化专长,更好地向学生用户展示出自身所具有的独特魅力。那么,如何找到个人擅长的领域呢?短视频创作者可以从以下四个角度来考虑。

一是通过自己做过的被人称赞的事情回顾自己过去所做过的事情,客观地审视自己,从中找出最受别人关注、被别人称赞最多的事情。例如,曾被很多人夸过做饭好吃,厨艺很棒;曾被许多人称赞过声音好听,歌声优美;周围的人都觉得自己做的手工作品栩栩如生,被称赞心灵手巧……那么,做饭、唱歌、做手工就是自己的特长,在进行个人账号的内容定位时,可以从这些技艺入手。

二是自己学过的知识技能。回想自己学过的知识技能。例如,自己学过医,比别人更懂疾病防控、急救知识等;学过农业,比别人更懂种植知识;学过时装设计,比别人更懂穿衣搭配……只要自己比别人拥有更多的知识技能,那么在这些领域就能凸显出优势。例如,抖音账号"丁香医生"的大部分作品以科普医学知识为主,并带有幽默搞笑风格,账号运营至今赢得了3000多万个赞,收获了800多万个"粉丝"。丁香医生锁定自己擅长的领域,发挥自己的专长,从医学知识中确定选题,通过传播健康品牌价值,赢得了大众的喜爱。

每个人都有属于自己的优势,只是有些优势显露在外,有些却隐藏较深,需要自己在实践过程中慢慢发现。通常,确定自己身上隐形优势的一个重要标准就是学习某项技能或者做某件事情时,用时比别人短,效果却比别人好。

三是自己做过最专注的事情。有些人可能会说:"我没有特长。"其实这也没关系,另一种方法就是认真回想自己在做什么事情时最为专注。当一个人内心真正喜欢做某件事时,就能做到心无旁骛、全神贯注,

甚至废寝忘食，而让自己最专注的事情做起来也会最用心。

四是自己的切身体验，积累的经验。如果自己是一位"宝妈"，对育儿一般会有切身的体验；如果自己曾经是一位肥胖者，经过有效的锻炼方法而变得身材苗条；如果在创业过程中历经坎坷，但所有困难都被自己勇敢地克服了……这些亲身经历都会带来丰富的经验，相比其他人，拥有这些经验就是优势，那么就可以把这些经验梳理出来进行分享。

（二）组织账号：挖掘品牌价值，深度创新

学校或者学院要想找到自身的优势，锁定擅长的领域，最重要的一点就是挖掘品牌价值，提炼品牌文化，加强创新力度。组织账号也需要做好账号定位，打造自己的风格。有些学校或学院的账号一味地跟风追热点，导致画风不统一，所以很难沉淀精准"粉丝"。爆款内容不同于优质内容，组织账号不应单纯追求爆款，而要力求稳定产出优质内容。学校和学院要结合品牌理念及平台特点来打造账号风格，利用账号简介先给用户留下认识品牌的第一印象，进而把知识产权（IntellectualProperty，IP）渗透到内容创作中。要形成一个 IP，创作者首先要找准自己的定位，想输出什么样的内容，打造什么样的人设，然后需要根据这个定位稳定输出内容，进而在坚持自身品牌价值的基础上放大自己的优势，通过深度创新来赢得用户的关注和喜爱。

例如"青蜂侠 Bee"是中国青年报、中国青年网旗下的品牌短视频栏目，口号是"严肃打捞各类有趣、有品的新闻边角料。"不仅覆盖在中国青年报旗下媒体矩阵中，而且驻扎到百家号、企鹅号、抖音、微博、好看视频等多个平台，均取得了不俗的关注量与点击率。创办两年多以来，日均推送短视频 30 余条，在持续密集的推送中，出现了大批播放量过百万、千万甚至过亿的作品。

"青蜂侠"这个名字，"青"字意指，言青春之志，力青年之行；"蜂""采得百花成蜜后，为谁辛苦为谁甜"，代表青蜂侠像蜜蜂一样辛勤工作的精神；"侠"字源自于"为国为民，侠之大者"，这是中国青年报家国情怀的体现。"青蜂侠"三字不仅展现了"青蜂侠"短视频的定位——青年群体，也蕴含着其中包含的理想——输出具有家国情怀的内容。

过去，用户习惯于在特定的门户网站获取讯息；如今，每位用户都拥有多个平台，平台根据用户画像来进行个性化推送，用户大多数使用时

间都属于无目的浏览,更加注重内容而不是信源的可靠性,这样导致平台用户很难转化为粉丝,因此,需要具有自身的辨识度和品牌。品牌指的是企业向用户提供的具有经济价值、抽象化的标志,品牌可以传递企业的文化内涵,塑造企业的个性标志。青蜂侠从一开始就树立了品牌意识。

首先是打造品牌标签,将自身的品牌与用户相联系,名字上"青蜂侠"与中国青年报相对应,也与中国青年报其他媒介产品调性一致,例如"青椒""青小小",青蜂侠在进行短视频制作推时,一方面推广产品,另一方面也是将自身和中国青年报的品牌文化传递给用户。LOGO 上使用一只简洁可爱的绿色蜜蜂,是中国青年网的网站和标识主题都是绿色的,绿色与中国青年网的整体辨识度保持统一,蜜蜂勤劳又能采蜜,同时还是青蜂,与青年有关系,同时主创团队认为青蜂侠可以做得尖锐一些,因此这个标识还有一根刺。标语是一个有趣的泛资讯短视频平台,从而打出"有趣"这一标签,具有了品牌辨识度。青蜂侠在多次完成原创且有趣的短视频资讯后,逐渐站稳了脚跟,通过高效且高质量的作品,获得了关注,进一步提升了品牌认知度,走在了资讯类短视频前列。

三、对标分析,走"创新"垂直化之路

对标分析就是对同类型的优质账号(作品和创作者)进行比较、分析的过程,是一种带有主观性的横向分析过程,通过对多个账号的整体架构、功能、风格、作品策略等多维度的横向对比分析,从而获得目的性的结论。在思政教育短视频领域做对标分析,不仅能够深入了解最新的动态,及时调整自己的运营策略,为短视频账号的发展制订可行性方案,还能了解优质账号的用户细分群体,帮助自己取长补短,走"创新"垂直化之路。

(一)四个角度,清晰理解何为对标

在做对标分析之前,首先要清楚到底什么是对标对象,以抖音平台为例,凡是与自己同类型的短视频及其账号都可以称为对标对象。下面从四个角度更清晰、更具体地介绍何为对标。

一是对标级别分类。在短视频红利时代,很多教师、高校、组织机构

纷纷入驻抖音,都想借助抖音获取流量。在各种各样的思政教育类抖音账号中,优质的账号层出不穷,如果把所有的对标对象放在一起分析难度很大,得出的结果往往也比较模糊,根据这样的分析结果做出的定位准确率也不会高。因此,首先要对对标对象的级别进行分类,这样才能有的放矢地对各个级别的账号逐一进行分析,从而做出精准的定位。一般来说,可分为核心对标、重要对标和一般对标三个级别。以自己的账号及短视频的水平为基准点,那些高于自己且拥有大量用户群体的账号为核心对标;高于自己但用户数量一般的为重要对标;在自己之下或者用户数不多的账号为一般对标。对于核心对标,一定要学习其长处来优化自己;对于重要对标,要分析他们的优势,找到超越的突破口;而对于一般对标,则不需要花太多的时间,主要研究其劣势,以避免出现同样的问题。

二是对标基础架构。基础架构可以从以下三个方面来了解。(1)信息。可以研究受用户喜欢的账号是如何做内容的。(2)功能。了解对标对象的功能,并据此对自己的短视频进行剖析,明确自己要细化、优化的功能是什么。(3)交互。要从学生用户入口开始分析,知道每条短视频的缺点在哪里,争取做到更好。以上三个方面都了解清楚后,短视频创作者即可根据自己的特点,把对标对象的优势合理地运用到自己的账号中,不断优化与完善自己的短视频账号。

三是对标策略分析。策略分析包括定位分析、运营策略分析和思政教育效果分析。定位分析是指经过以上三个方面的分析,短视频创作者可以更好地将自己的短视频与同类型优质的思政教育账号进行全面对比,进而做出更受青年学生欢迎的短视频。

四是对标发展潜力。在抖音等短视频平台上,账号的发展潜力主要包括用户规模发展潜力和影响力发展潜力。短视频创作者可以对标,尤其是核心对标对象的发展潜力进行分析,了解自己目前所处领域的用户和影响力,进而判断自己的账号有没有更广阔的发展前景。

(二)两个要素,做好竞品分析精准定位

要想做好对标分析定位,离不开两个要素,一个是做对标分析的人,另一个是对标分析的内容。

以抖音账号为例,在做对标分析时,需要以学生为中心,在账号的不

同阶段,做对标分析的人也是不同的。首先是研发阶段。研发阶段是对抖音账号的实际对标内容进行研究,在抖音账号上发布的可以让用户看到并体验到的内容的内涵价值决定了账号在抖音平台上的高度,所以在研发阶段由研发人员进行对标分析是非常重要的。研发人员需要对对标对象及用户对其的体验进行研究,如短视频内容的设计、质量,在抖音上的点击量、播放时间、播放次数、用户评论等。研发人员通过对这些内容进行分析,可以找到用户感兴趣的关键点,有针对性地结合自己的特色创作出符合用户喜好的短视频作品。

其次是运营阶段。运营阶段要在研发阶段的基础上进行数据摸底、账号推广和用户引流等工作。这个阶段应当由运营人员来做对标分析,因为他们更懂得如何增加所发布内容的外在美,以及如何提高发布内容的互动率。运营人员可以通过分析对标对象带给用户的体验效果,了解用户的实际需求,掌握其优点与缺点、受用户欢迎的原因等,以此来完善与提高自身短视频的内容质量,及时发现自身账号所发布的内容及在运营过程中存在的缺点,避免违规操作,设置好发布时间与发布频次,保证发布的短视频能够获得平台的持续推荐。

要想把思政教育类短视频账号运营好,短视频创作者必须通过科学、专业的对标分析找到准确的定位,做出更能吸引用户眼球的短视频,这样才能提升自身的竞争力。在做对标分析时,需要准确把握以下四大核心内容。

一是用户习惯:用户习惯决定着短视频账号所能达到的战略竞争高度,因此要对核心对标的用户行为、体验、情感等进行分析,找到用户喜欢的关键点,运用在自己的短视频上。

二是核心价值:核心价值是短视频账号的核心竞争力,短视频创作者要分析核心对标,给短视频的设计、细节、定位等赋予价值,这个价值可以让用户在观看过程中停留,并做出点赞与转发等行为,从而为短视频带来巨大的流量。

三是功能拆分:要对核心对标的短视频账号所发布的内容功能进行拆分,仔细分析自己的账号与其之间的差异,如设计特点等,优化这些差异就能更好地定位自己的账号,获取更多的用户关注。

四是延伸服务:延伸服务做得好,能够帮助短视频创作者获得更多的流量。有很多账号之所以做得好,可能不是短视频作品本身的原因,而是与用户之间的互动沟通做得好,更能满足用户的互动需求,更合用户的心意。总之,要注意细节,时刻关注用户体验,做好每个环节的服务。

(三)取长补短,从竞品中吸取经验

在进行深入、细致的对标分析之后,短视频创作者可以写一份对标分析报告,内容包括体验环境、需求分析、确定对标、业务/内容模式异同、运营及推广策略,以及归纳和结论等。对于存在明显差距的优秀对标对象,不建议直接模仿生搬硬套,可以垂直细化,找到自身优势,走出自己的差异化路线。

对标分析可以帮助短视频创作者更好地找到短视频内容创作的切入点,而不是其他优秀的账号做什么内容,短视频创作者就模仿做什么内容,最终走入严重同质化的误区。因此,一定要多观察同领域的热门账号,及时了解其数据和内容,取长补短,在对标中吸取经验,以优化自己的账号定位和运营方式,从而有效地提升自己账号的持续影响力。

四、USP 定位,彰显自身的独特性

USP(UniqueSellingProposition)定位理论是由美国人罗瑟·里夫斯提出的,是指发挥自身优势,向别人展示出自己的独特性,并通过强大的说服力来证明自己的优势。USP 定位理论主要具有三大特征:强调自身的独特性;这种独特性是他人不具备的;强劲的运营能力。在海量的短视频中,如果想让自己的短视频脱颖而出,就必须彰显自身的独特性,这样才能引人注目,使人过目不忘。

(一)挖掘自身亮点,发挥自身特色

创作短视频时,要深度挖掘自身亮点,充分发挥自身特色,强调自身作品的特殊性,通过作品展现出自身的独特创意和自身个性,才能在激烈竞争中开辟出一条新路,吸引更多的"粉丝"。例如,抖音账号"M 哥"通过翻唱歌曲实现快速"圈粉",凭借其独特的嗓音,利用自身的歌唱技艺展示视频内容的独特创意性,给用户留下了深刻的印象。又如,喜马拉雅作为一个听书平台,充分发挥自己领域特长,舍弃画面视觉冲击,把

自己准确定位到"以听动人"上,其抖音平台上的很多短视频严格来说不算是视频,只是把自己平台上原有的声频配上静态图转移而来。

(二)找准切入点,精准实现差异化

在使用 USP 定位时,并不是以用户需求为导向,而是找到自身的特别之处,找准切入点,做出与同类产品具有明显差异化的内容,彰显自身的独特性,使短视频作品具备较高的辨识度。

例如,抖音账号"佳哥就是毕加索"的运营者是一位绘画才艺高超的人,其短视频主要是"由词生画"——先写下关键词,然后根据词意进行创意设计,制作成简笔画。这是很多有着绘画技艺的短视频创作者采用的才艺展示和内容制作的方法,与其所不同的是,"佳哥就是毕加索"的简笔画短视频创作更加具有系统性和代表性,需要精心的布局和创意设计。在"佳哥就是毕加索"的短视频作品中,制作完成的简笔画几乎找不出绘画时所使用的关键词的笔画痕迹,它们已经完全与画面融为一体。更重要的是,其短视频作品大致分为三类,即结合热点、关联节日和重现经典,以这三类关键词为切入点创作具有系统性和代表性的作品,实现差异化,从而快速引流。

又如,抖音账号"小小 101"的运营者是一位热爱跳舞的"95 后"女孩,她充分发挥自己的特长,将自己的账号内容定位为舞蹈。然而,与许多跳舞者不同的是,她将内容定位进一步细化为"父女舞蹈组合"。在其短视频作品中,大部分都是她与父亲一起展示动感、优美的舞姿,传递快乐、融洽的亲子氛围。这对"父女档"和这种充满差异化的内容表现方式让其突出重围,得到了大量关注和点赞。

五、用户分析,从用户需求出发做定位

做好精准定位,还要对用户进行分析,首先应明确目标用户,简单来说就是拍摄的短视频是给"谁"看的,这个"谁"包含两层意思,第一层意思是视频的观众,第二层意思是潜在的用户;然后找出目标用户到底需要什么,最想得到什么,挖掘出用户痛点,掌握用户的真实需求,这样才能拍出能够传递价值信息的短视频,得到目标用户的认可,进而成为优秀的网络文化作品。

不同的短视频账号，针对的目标受众是不同的，这时就需要进行用户画像。美食、职场、旅游、才艺、美妆、萌宠等各个垂直领域都有其受众群体，短视频创作者要分析出自己品牌或 IP 的受众群体，锁定目标用户群，提炼其主要需求。以抖音为例，从性别的角度看男同学用户对游戏、汽车偏好度较高，女同学对美妆、穿搭偏好度高，"00 后"对电子产品、时尚穿搭偏好度高；"95 后"对影视、美食偏好度高。

要想打造优秀的网络文化作品，就要在短视频的内容选择上有针对性地迎合目标用户群体的口味，更快、更有效地吸引他们的目光，提升短视频的点赞数和播放量。通过进行用户画像，短视频创作者能够更好地了解用户偏好，挖掘用户需求，从而锁定目标用户群，实现精准定位。

短视频用户画像的形成步骤如下。

第一步数据分类。短视频用户画像的第一步是对用户信息数据进行分类。用户信息数据分为静态信息数据和动态信息数据两大类。静态信息数据：这种数据是构成用户画像的基本框架，展现的是用户的固有属性，一般包含社会属性、商业属性、心理属性等信息。这些信息一般无法穷尽，只要选取符合需求的即可。动态信息数据：指用户的网络行为数据，如消费属性、社交属性等。在选择这类信息时，也要符合短视频的内容定位。

第二步确定场景。如果只了解用户信息数据的分类，还不能形成对用户的全面了解，应当将用户信息融入一定的使用场景中，才能更加具体地体会用户的感受，还原真实的用户形象。可以采用 5W1H 法确定用户使用场景，即：Who（谁是我的目标用户）；When（目标用户在什么时候观看短视频）；Where（目标用户在哪里观看短视频）；What（目标用户观看什么样的短视频）；Why（目标用户观看短视频背后的动机，如关注、点赞或分享）；How（与用户的动态和静态场景相结合，洞察用户使用的具体场景）。

第三步设计模板。要提前准备好沟通模板，以防止调查访问时由于措辞不当或者提问顺序的变化而对用户造成影响，导致研究结论出现偏差。沟通模板要按照用户动态信息和用户使用场景来设计，也称为动态使用场景模板，具体的设计要依据自身期待获取的信息来进行。动态使用场景模板一般包括以下内容：常用的短视频平台、使用频率、活跃时间段、周活跃时长、使用的地点、感兴趣的话题、什么情况下关注账号、什么情况下点赞、什么情况下评论、什么情况下取消关注,以及用户的其他特征等。

　　广告界传奇人物大卫·奥格威认为,假如让用户刻意回答对某个产品的看法,他们很有可能无法解释清楚。在进行短视频深度访谈时,我们也可能会遇到这种情况,例如,当问用户对于某条短视频的感受,或者为何关注某个短视频账号时,他们很可能无法明确地说出答案。因此,我们要学会扮演倾听者的角色,在用户讲述时认真地倾听,以摸清他们在做出某个决定时的心态,找到用户为短视频点赞、转发,以及关注短视频账号的深层原因。

　　第四步获取信息。要想获得用户信息,需要统计和分析大量样本,再加上用户基本信息的重合度较高,为了节省时间与精力,短视频创作者可以通过相关服务网站获取的对标号数据来获取用户的静态信息数据。

　　卡思数据是国内领先的视频全网大数据开放平台,可以为短视频创作者提供全方位的数据查询、用户画像和视频监测服务,从而为其在内容创作和用户运营方面提供数据支持。下面以各高校的短视频为例,介绍如何通过分析对标账号数据来获取用户的静态数据,方法如下。

　　打开卡思数据网站,单击"榜单"按钮,即可看到不同维度的榜单排名。按照视频发布的主体,榜单分为红人榜、PGC 榜、网综榜、网剧榜和动漫榜;按照不同的平台,可以分为抖音、快手、哔哩哔哩、美拍、秒拍、西瓜视频、抖音火山版、新浪微博等;按照视频内容类型,可以分为生活、旅行、教育、科普等类别。短视频创作者可以选择"生活""抖音""高校"选项,查看最新的榜单前 100 名。

　　经过筛选,短视频创作者可以选择与自身账号所属领域相同的其他账号,单击进入后会发现基本的数据分类:数据概览、粉丝画像、视频列表。单击"粉丝画像"分类即可查看基本的静态数据,如性别分布、年龄分布、省份分布、粉丝活跃时间分布等。选取两个与自己账号所属领域相同的账号,统计数据以后进行归类,基本上就可以确定该高校账号用户画像的静态信息数据。

　　第五步形成用户画像。将静态信息和动态使用场景进行整合以后,就可以勾画出大概的高校思政教育类账号的用户画像。

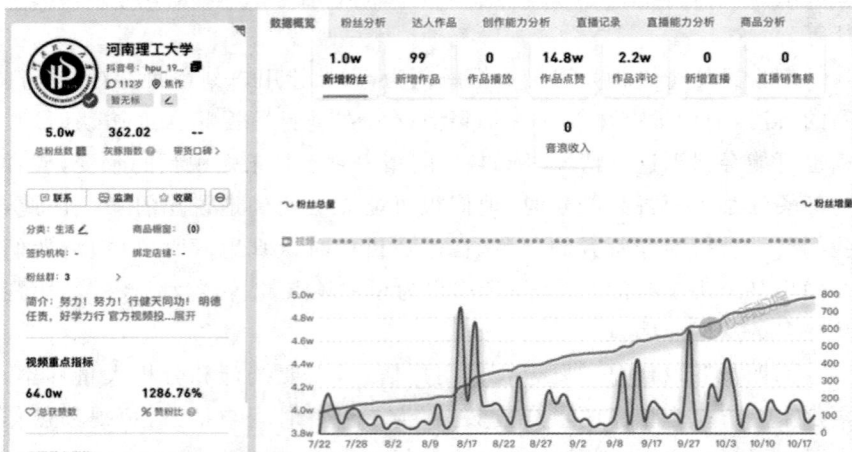

河南理工大学
抖音号：hpu_19...
112岁　焦作
暂无标

1.0w	99	0	14.8w	2.2w	0	0
新增粉丝	新增作品	作品播放	作品点赞	作品评论	新增直播	直播销售额

0
音浪收入

5.0w　362.02　--
总粉丝数　灰藤指数　带货口碑

联系　监测　收藏

分类：生活　　　　商品橱窗：(0)
签约机构：-　　　绑定店铺：-
粉丝群：3

简介：努力! 努力! 行健天同功! 明德任责, 好学力行 官方视频投...展开

视频重点指标

64.0w　　　　1286.76%
总获赞数　　　赞粉比

粉丝总量　　　　　粉丝增量

I 在 5.0w 粉丝数中

男性 居多　　　**河南、河北、安徽** 居多　　　**焦作、郑州、新乡** 居多

一天中喜欢在 **20:00、21:00、22:00** 活跃　　　一周中喜欢在 **周一、周三** 活跃

性别分布

男性居多，占比54.4%

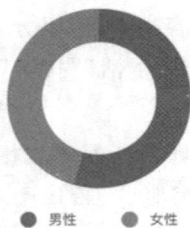

男性　　女性

年龄分布

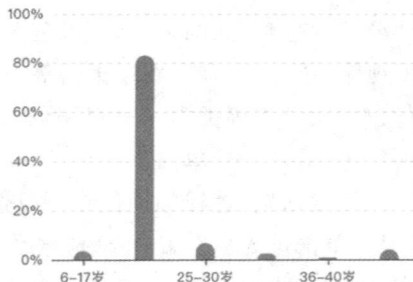

0度是指用户的本质需求，具有延展性，在创作短视频时植入痛点时要考虑到痛点的深度，注重细节的体现。例如，抖音账号"密子君"用户最开始观看其短视频时，本质需求是满足好奇心，看一个女孩子到底能吃多少美食。但随着时间的推移，这种单一的内容类型已经无法满足用户的好奇心，该账号为了让用户持续关注下去，就必须进一步扩展用

户需求,分析隐藏在用户心中的潜在需求。

细度是指将用户的痛点进行细分。在细分用户的痛点时,可以分为以下步骤。首先对垂直领域进行一级细分,用拍摄类细分举例来说可以分为纪实摄影、风光摄影、人像摄影、商业摄影、新闻摄影等;第二在上一步的基础上再做细分,如将人像摄影细分为婚纱摄影、个人写真、儿童摄影等;第三在上一步的基础上确定目标人群,如果目标人群是育儿家庭,对儿童摄影会更感兴趣;最后以上一步为基础确定一级痛点,以上用户的痛点是如何对不能积极配合的儿童进行拍摄,并能充分体现出儿童天真活泼的特点。

强度是指用户解决痛点的急切程度,如果能够找到用户的高强度痛点,短视频成为"爆款"的概率就会很大。高强度痛点是指用户主动寻找解决途径,甚至消费也要解决的痛点。短视频创作者要及时发现这些痛点,给用户反馈的渠道,或者在短视频评论区仔细分析用户评论,从中寻找其急切需要解决的需求痛点。例如,在抖音账号"你们的宋老师"中,其创作者深度剖析了恋爱中青年男女的心理活动及日常行为,不断总结规律,对恋爱中女朋友提出的各式各样的"送命题",通过幽默风趣的语言,采取层层递进的方式给予完美的回答,直接击中恋爱中男青年的痛点,让他们感觉雪中送炭,在其恋爱生活中亟待宋老师这样的人为其作指导,解决燃眉之急。

第三节　短视频拍摄技巧

创作者要想顺利地完成短视频拍摄,让拍摄的短视频脱颖而出,给观众留下深刻的印象,不仅要学会使用拍摄设备,还要掌握短视频脚本的撰写、景别和景深的运用、拍摄角度的设计、光线的运用、视频画面构图及运镜等知识。创作者只有掌握了这些"硬核"技能,才能拍摄出具有大片感的优质短视频。

一、脚本撰写,确立短视频制作的"主心骨"

短视频脚本是短视频创作的关键,是短视频的拍摄大纲和要点规划,用于指导整个短视频的拍摄方向和后期剪辑,具有统领全局的作用。虽然短视频的时长较短,但优质短视频的每一个镜头都是经过创作者精心设计的。创作者撰写短视频脚本,可以提高短视频的拍摄效率与拍摄质量。短视频脚本大致分为 3 类:拍摄提纲、分镜头脚本和文学脚本,脚本类型可以依照短视频的拍摄内容而定。

(一)拍摄提纲,列举要点,提示拍摄内容

拍摄提纲是指短视频的拍摄要点,只对拍摄内容起到提示作用,适用于一些不易掌握和预测的拍摄内容。

拍摄提纲的写作主要分为以下几步。

(1)明确短视频的选题、立意和创作方向,确定创作目标。

(2)呈现选题的角度和切入点。

(3)阐述不同体裁短视频的表现技巧和创作手法。

(4)阐述短视频的构图、光线和节奏。

(5)呈现场景的转换、结构、视角和主题。

(6)完善细节,补充音乐、解说、配音等内容。

(二)分镜头脚本,突显细节的文字式“影像”

分镜头脚本包含的内容十分细致,每个画面都要在创作者掌控之中,包括每个镜头的长短,每个镜头的细节等。分镜头脚本既是前期拍摄的依据,也是后期制作的依据,还可以作为视频长度和经费预算的参考依据。分镜头脚本创作起来比较耗时耗力,对画面要求比较高,类似于微电影的短视频可以使用这种类型的短视频脚本。

分镜头脚本主要包括镜号、分镜头时长、画面、景别、摄法技巧、机位、声音、背景音乐、台词等内容,具体内容要根据情节而定。分镜头脚本在一定程度上已经是“可视化”影像了,可以帮助制作团队最大限度地还原创作者的初衷,因此分镜头脚本适用于故事性较强的短视频。

镜号	摄法技巧	景别	分镜头时长	画面	声音	背景音乐
1	向左摇	近景	4秒	儿媳在厨房切菜,水管流着水,水中泡着苹果等,锅里冒着热气,旁边摆着一些做好的菜	水流的声音	欢快音乐响起
2	向左摇	中景	0.5秒	老太太一边擦桌子,一边笑着看旁边		
3	长镜头	远景	2.5秒	老爷子和孙子在沙发上坐着,孙子给老爷子戴上带有"生日快乐"字样的帽子,老爷子开心地摸了一下帽子,然后抱起孙子	老爷子开怀的笑声	
4	摇	远景	1秒	儿媳抱着孩子坐在侧面的沙发上,老太太和老爷子坐在中间的沙发上,四个人都担忧地看着墙上的挂钟,挂钟显示时间为晚上7时		音乐由欢快转变为舒缓,加入断断续续的钢琴声。在有对话的时候,音乐声降低
5	淡入	近景	4秒	老爷子拿着电话,电话中传出儿子的声音:"爸,我今天加班,得晚点回去了,你们先吃吧!"老爷子回答道:"知道了,没关系,工作重要嘛,好好工作啊。"三个人长舒了一口气,小孩子在妈妈怀里睡着了	儿子与老爷子的对话声	
6	淡入	近景	1.5秒	小孩子一边拿着玩具在摆弄,一边瞟一眼桌上的饭菜,吞一下口水,撇下嘴		

（三）文学脚本，拍摄思路的简单体现

文学脚本要求创作者列出所有可能的拍摄思路，但不需要像分镜头脚本那样细致，只规定短视频中人物需要做的任务、说的台词、所选用的摄法技巧和整个短视频的时长即可。文学脚本除了适用于有剧情的短视频，也适用于非剧情类的短视频，如教学类短视频和评测类短视频等。

要想写出好的文学脚本，创作者需要注意以下几点。

（1）做好前期准备。前期准备包括很多方面，大致如下。

- 搭建框架：拍摄主题、故事线索、人物关系、场景选择等。
- 主题定位：故事背后有何深意？想反映什么主题？运用哪种内容形式？
- 人物设置：需要多少人物出镜？这些人物的任务分别是什么？
- 场景设置：寻找拍摄地点，室内还是室外？
- 故事线索：剧情如何发展？
- 影调运用：根据所要表现的情绪配合相应的影调。
- 背景音乐：选择符合主题的背景音乐。

（2）确定具体的写作结构。创作者在写文学脚本时，一般要先拟定一个整体架构，文学脚本的整体框架以"总分总"结构居多，这样可以让短视频有头有尾。开始的"总"是指表明主题，在短视频开头 3～5 秒内就要表明主题，如果超过 5 秒，观众还不知道短视频的主题，很有可能会选择离开，影响短视频的完播率；"分"是指详细叙事，用剧情来表达短视频的主题；最后的"总"是指结尾总结，重申主题，以引发观众的思考和回味。

（3）人物设定。人物的台词要简单明了，能够体现人物性格和情节发展即可，若台词过长，观众听着也会吃力。除了台词以外，人物相应的动作和表情也会帮助观众体会人物的状态和心理。

（4）场景设定。场景可以起到渲染故事情节和主题的作用，场景一定要与剧情相吻合，而且不能使用过多的场景。

二、运用景别和景深，提升画面空间表现力

景别和景深是两个不同的概念，景别是被摄主体在画面中呈现的范

围,景深是在画面上获得相对清晰影像的主体空间深度范围。运用景别和景深,可以提升画面的空间表现力。

(一)运用景别,营造不同的空间表现

景别是指由于摄像机与被摄主体的距离不同,而造成被摄主体在摄像机取景器中所呈现出的范围大小的不同。这里所说的被摄主体多指人,有时也指其他景物。认识景别有助于摄像师在拍摄时进行画面构图,一般将景别分为五种,由远至近分别为远景、全景、中景、近景和特写。

远景。远景是指拍摄远距离人物和景物,表现广阔深远景象的画面。远景重在渲染气氛,常用于介绍环境、显示人物的处境,或者表现一定的意境。

全景。全景是指拍摄人物全身形象或者场景全貌的画面,体现场景和人物形象的完整性,多用于塑造人物形象和交代场景。与远景相比,全景更能全面阐释人物与环境之间的密切关系,展示人物的行为动作、表情相貌,也可以在某种程度上表现人物的内心活动。如果摄像师拍摄其他物体,则需要保留物体外部轮廓的完整,表现出被摄物体的全貌,并且被摄物体周围不能有太多的空白画面。

中景。中景是指拍摄人物膝盖以上部分或者局部环境的画面。中景既表现了人物的表情,又展示出了人物活动的环境,是叙事功能较强的一种景别。与全景相比,中景包容人物的范围有所缩小,环境处于次要地位,重点在于表现人物的上身动作。如果摄像师拍摄其他物体,则需要保留被摄物体的大半部分。

近景。近景是指拍摄人物胸部以上或者物体局部的画面。近景着重表现人物的面部表情,传达人物的内心世界,是刻画人物性格较有力的景别。如果摄像师拍摄其他物体,则需要保留被摄物体的主要部分。

特写。特写是指拍摄人物脸部或者放大物体某个局部的画面。特写比近景更加接近观众,具有强调和呈现人物心理变化的作用。一些特写还具有某种意义上的象征意义,从视觉效果上体现出被摄主体的重要性。

不同的景别可以表现不同的画面节奏和主次关系,景别变化还具有以下作用。

（1）景别的变化带来的是观众视点的变化，能够满足观众从不同视距、不同视角全面观看被摄主体的心理要求。

（2）景别的变化是实现画面节奏变化的因素之一。

（3）景别的变化能够使画面具有更加明确的指向。

（二）运用景深，控制画面的层次变化

景深是指被摄主体影像纵深的清晰范围，也就是说，以聚焦点为标准，聚焦点前的"景物清晰"距离加上聚焦点后的"景物清晰"距离就是景深。

景深分为深景深和浅景深，深景深的背景清晰，浅景深的背景模糊。景深能够表现被摄主体的深度（层次感），增强画面的纵深感和空间感。使用浅景深，可以有效地突出被摄主体。在拍摄近景和特写画面时，通常会采用浅景深，这样能够将被摄主体和背景剥离开来。只有被摄主体清晰，才能锁定观众的目光。

深景深能够起到交代环境的作用，表现被摄主体与周围的环境及光线之间的关系。摄像师在拍摄风光、大场景、建筑时，能够很好地展现画面的细节和细腻的层次。

三、拍摄角度设计，用几何角度影响观看心理

当观众观看外界事物时会有不同的观察角度，同样摄像师也有各自的拍摄角度，这决定着观众从哪一个视点来观看被摄主体、怎样认识被摄主体。从构图上来说，拍摄角度设计就是摄像师如何选择拍摄方向和拍摄高度。

（一）拍摄方向，体现被摄主体与陪体、环境的关系变化

拍摄方向是指摄像师以被摄主体为中心，在同一水平面上改变拍摄角度，形成不同的构图形式。拍摄方向主要包括正面方向、正侧面方向、斜侧面方向和背面方向。不同的拍摄方向具有不同的展现效果，摄像师需要根据拍摄任务合理选择。

正面方向。摄像师从正面方向拍摄被摄主体时，摄像机的镜头位于被摄主体的正前方，观众看到的是被摄主体的正面形象。正面方向拍摄

有利于表现被摄主体的正面特征,适合表现人物完整的面部特征和表情动作,使观众产生亲切感。当被摄主体是景物时,则有利于表现景物的横线条,营造出稳定、严肃的气氛。正面方向拍摄的缺点是不宜表现被摄主体的空间感和立体感。

正侧面方向。摄像师从正侧面方向拍摄被摄主体时,摄像机镜头与被摄主体的正面成 90°角,拍摄的视频画面有利于表现被摄主体的运动方向、运动姿态及轮廓线条,突出被摄主体的强烈动感和特征,还可以表现人物之间的交流、冲突和对抗,强调被摄人物的神情。

斜侧面方向。摄像师从斜侧面方向拍摄被摄主体时,摄像机镜头介于被摄主体的正面和正侧面之间,摄像师从这个方向既拍摄被摄主体的正面部分,又拍摄被摄主体的侧面部分,是较常用的拍摄方向之一。从被摄主体斜侧面方向拍摄,利于表现被摄主体的立体感与空间感,使被摄主体产生明显的形体变化。同时,还能突出表现被摄主体的主要特征,有利于表现被摄主体的方向。在多人场景中,从被摄主体斜侧面拍摄还有利于表现被摄主体、陪体的主次关系,突出被摄主体。

背面方向。摄像师从背面方向拍摄被摄主体时,摄像机镜头位于被摄主体的背后,使观众产生与被摄主体的视线相同的视觉效果。有时也可用来改变被摄主体、陪体的位置关系。背面方向拍摄可以使观众产生参与感,使被摄主体的视线前后成为画面的重心。很多展示现场的画面经常采用背面方向拍摄,给观众以强烈的现场感。由于观众不能直接看到被摄主体的面部表情,所以能够给观众思考和联想的空间,引起观众的好奇心和兴趣。此外,背面方向拍摄还可以含蓄地表达人物的内心活动。

(二)拍摄高度,丰富人物形象,烘托环境氛围

拍摄高度是指摄像机与被摄主体水平线之间的距离,不同的拍摄高度可产生不同的构图变化。拍摄高度包括平角度、仰角度和俯角度。

平角度。摄像师采用平角度拍摄时,摄像机镜头与被摄主体处于同一水平线上,所拍画面符合观众的通常观察习惯,具有平稳的效果,是一种"纪实"角度。摄像师采用平角度拍摄,被摄主体不易产生变形,比较适合拍摄人物近景特写。摄像师如果追求画面构图平稳与普通的透视效果,使用平角度拍摄比较合适。不过,摄像师采用平角度拍摄时,前后

景物容易重叠遮挡，难以展现大纵深的景物和空间层次。

仰角度。摄像师采用仰角度拍摄时，摄像机镜头处于人眼（视平线）以下位置，或者低于被摄主体。在仰角度镜头下，前景升高、后景降低，有时后景被前景遮挡。采用仰角度拍摄的画面通常被赋予一定的含义，画面中的被摄主体会显得不同凡响，具有威胁性，富有征服感。采用仰角度拍摄垂直线条的被摄主体时，线条向上汇聚，能够产生高大、雄伟的视觉效果。

俯角度。摄像师采用俯角度拍摄时，摄像机镜头高于被摄主体，摄像师从高向低拍摄，就像人在低头俯视一样。俯角度拍摄可以表现被摄主体正面、侧面和顶面 3 个面，增强了被摄主体的立体感和平面景物的线条透视。在俯角度镜头下，离镜头近的景物降低，离镜头远的景物升高，从而展示了开阔的视野，增加了空间深度。在展示场景内的景物层次、规模，表现整体气氛和宏大的气势时，采用俯角度拍摄效果更佳。采用俯角度拍摄人物时，拍摄出来的画面会让观众产生一种被摄人物低微、陷入困境、软弱无力、压抑、低沉的感觉。

四、精美构图，突显视频画面最佳美感

构图能够创造画面造型，表现节奏与韵律，是视频作品美学空间效果直接的体现，有着无可非议的表现力，传达给观众的不仅是一种认识信息，同时也是一种审美情趣。摄像师在短视频拍摄构图过程中，既要遵循一定的原则，又要根据被摄主体及自身想表达的思想情感，采取不同的构图方式，这样才能拍摄出优质的短视频作品。

（一）视频画面构成的基本要素

视频画面构成的基本要素包括被摄主体、陪体和环境。

被摄主体。被摄主体是指摄像师要表现的主要对象，它既是内容表现的重点，也是视频主题的主要载体，同时还是画面构图的结构中心。被摄主体可以是某一个被摄对象，也可以是一组被摄对象；被摄主体可以是人，也可以是物。

陪体。陪体是指在画面中与被摄主体有着紧密的联系，或者辅助被摄主体表达主题的对象。陪体可以增加画面的信息量，使画面更自然，

更生动,更有感染力,但不能喧宾夺主。可以这样说,陪体是与被摄主体共同完成视频主题的,陪体起到了陪衬的作用。只有分清被摄主体和陪体,画面才有主次,才有重心。

环境。环境是围绕着被摄主体与陪体的环境,包括前景与后景两个部分。其中,位于被摄主体之前,或者靠近镜头位置的人物或景物,统称为前景,前景有时也可能是陪体。后景与前景相对应,是指位于被摄主体之后的人物或景物,一般多为环境的组成部分。

(二)视频画面构图的基本要求

构图是一项富于创造性的工作,其根本目的是使视频的主题和内容获得尽可能完美的形象结构和画面效果。因此,摄像师需要了解一些视频画面构图的基本要求。

遵循美学原则。视频画面的构图要遵循美学原则,具备形式上的美感,具体如下。

(1)被摄主体不应居中,要注意黄金分割,还要注意画面的平衡。

(2)被摄主体和陪体应当主次分明,要强调被摄主体,陪体不能喧宾夺主。

(3)人或物的连续线不应一字排开,应高低起伏,层次分明,错落有致。

(4)人或物之间的距离不应均等,要有疏有密。

(5)水平线及景物的连天线不要歪斜。

(6)被摄主体不要全部以正面出现,最好与镜头形成一定的角度。

(7)重视画面中的"线条",它可以让画面富有动感和韵律感。

灵活构图,立意明确。构图形式是摄像师构思立意的直接体现,每个画面所要传达、表现的思想内容必须是明确且集中的,切忌模棱两可、不明不白,而应以鲜明的构图形式反映出短视频的主题和立意。因此,摄像师要熟悉构图规则,但又不拘泥于这些规则,才能创作出优质的短视频。

摄像师可以通过以下几种构图方法来更加鲜明地体现短视频的主题。

(1)运用对比手法,深化主题。摄像师要善于利用色彩的对比、形态的对比、影调的对比等手法,使两个相互对比的主题元素相互加强,从而突出视频的表现力,达到深化主题的目的。

（2）运用斜构图能够增强视频画面带给观众的视觉冲击力。斜构图经常被认为是一种不符合规则的构图方式,是一种与黄金分割法、对称法等常规构图方式相反的构图方式,常用来表现人物的情绪,挖掘人物最深处的细节。

（3）运用残缺式构图能够给观众制造画面的神秘感。拍摄人物时,摄像师可能有意追求残缺的形象,只求传达一个事件流程中人物活动瞬间停留的感受。这种画面没有人物完整的形象,只有人物残缺的局部,残缺的部位带给观众神秘感,以激发其好奇心和想象力。

（4）运用框架式构图能够拍出具有"偷窥"效果的视频画面。摄像师可以利用"隔物偷窥"法,透过某一物体拍摄被摄主体;或巧用镜面、水面等反光体,增强画面的空间感和层次感,还可以利用前大后小的两个不同物体,使画面呈现出延伸和夸张效果示。

（三）画面要有表现力和造型美感

在构图时,摄像师可以根据所要拍摄的内容和现实条件,通过画面的设置,光线的运用,拍摄角度的选择,以及调动影调、色彩、线条、形状等造型元素,创造出具有表现力和造型美感的构图方式。

均衡。均衡是获得良好构图的一个重要原则,均衡的画面结构能够使观众在视觉上产生形式美感。若要判断画面是否均衡,可以将画面分为四等份,形成一个"田"字格,在"田"字格的四个格子中都有相应的元素,那么这些元素之间就形成了均衡感。

需要注意的是,不要以为均衡就是对称,对称的画面常常会给观众以沉闷感,而均衡的画面绝不会在视觉上引起观众的不适。摄像师要想让画面的构图达到均衡,就要让画面中的形状、颜色和明暗区域相互补充与呼应。

（四）画面运动要有迹可循

视频最大的特点就是画面是动态的,动态构图往往是视频拍摄的主要构图形式。在动态构图中,摄像师自始至终要注意被摄主体运动方向、运动速度和运动节奏等因素的起伏变化。如果被摄主体是人物,应以人物的运动轨迹作为画面构图依据;如果是环境介绍和背景交代的画面,画面中没有人物出现,摄像师则应找出能够表现环境特色的主要对象作为构图依据。

动态构图下的被摄主体与镜头同时或分别处于运动状态,画面内视觉形象的构图组合及相互关系连续或间断地发生变化。摄像师只有保证画面运动有迹可循,才能使视频画面合乎情理,从而被观众接受和认可。

(五)主题服务原则

视频画面的构图必须要为短视频的主题服务,所以在构图时应当遵循主题服务原则,具体内容如下。

(1)为了表现被摄主体,要采用合适、舒服、具有形式美感的构图方式。

(2)为了突出表现主题,有时甚至可以破坏画面构图的美感,使用不规则的构图。

(3)若某个构图优美的画面与整个短视频的主题风格不符,甚至妨碍了短视频主题的表达,可以考虑将其剪掉。

第七章　高校大学生网络安全教育

高校网络安全教育工作是提高当代大学生思想道德水平的关键环节,是高校"立德树人"的重要途径,也是培育符合时代特征的"新时代新人"的关键一环。当前,国内国际形势正在发生深刻复杂的变化,传播形式也发生了前所未有的改变,各种社会问题层出不穷,敌对势力也试图通过网络舆论将错误思潮渗透到高校学子中,国家安全面临着新的风险,且各类风险相互交织、相互叠加,这使得高校网络思想政治教育面临巨大的挑战,任重而道远。新形势下,只有做好高校网络安全教育工作,不断深化网络安全教育与教育教学深度融合,推进教育方式改革,才能有效引导高校学生思想,帮助学生树立起正确的安全观、法制观,引导学生应知尽知,从思想层面构筑起安全屏障,从思想源头上确保网络安全。

第一节　网络安全教育的重要意义

高校作为我国人才培养的重要平台,是帮助青年大学生成长成才的重要组成部分,肩负着培养德、智、体、美、劳全面发展的社会主义建设者和接班人的重任。习近平总书记在党的十九大报告中指出:"青年一代有理想、有本领、有担当,国家就有前途,民族就有希望。"而高校网络育人工作关乎高校"培养什么样的人、如何培养人以及为谁培养人"这个根本问题,是学校"立德树人"的中心环节。青年学生是祖国的未来、民族的希望,青年学生是否具有正确的国家安全观、是否能够以维护国家安全和国家利益为准则,关乎到国家未来是否能够安邦定国。党和国家要巩固执政地位、团结带领人民坚持和发展中国特色社会主义,做好青年学生的思想政治教育工作,使其树立"有国才有家、国家利益高于一切"的意识非常重要。高校通过开展行之有效的网络安全教育,更有利于培养出符合国家和社会所需要的人才。

一、有助于学生掌握安全知识,界定安全概念

在国内国际形势发生深刻变化的今天,各种安全风险都十分突出,以习近平同志为核心的党中央多次强调,要加强国家安全宣传教育,以总体国家安全观为指导,全面实施国家安全法,引导公民增强维护国家安全的责任感和使命感。

然而,由于宣传教育不够到位,高校学生对于国家安全知识的掌握程度较差,很多学生对于国家安全的理解仍然局限于国土安全、军事安全等传统意义上的"小安全",甚至认为国家安全离自己很遥远,与自己的生活、学习关联度较低,并不需要掌握国家安全相关知识,然而,新时代的国家安全早已不局限于传统意义上的"小安全",而是涵盖政治安全、国土安全、军事安全、经济安全、文化安全、社会安全、科技安全、网络安全、生态安全、资源安全、核安全、海外利益安全、生物安全、太空安全、极地安全、深海安全 16 个方面的基本内容。可以说,国家安全涉及每个人生活的方方面面,关乎每个人的切身利益和未来生活,并非"小安全",而是实实在在的"大安全"。

高校在进行网络育人工作,必须要将国家安全教育作为重要的教育内容,通过多种形式,增强学生对国家安全知识的掌握程度、熟悉程度,使国家安全教育真正入脑入心。

通过行之有效的高校网络安全教育,能够使学生明白,国家安全与每个人都息息相关,每个人都有维护国家安全的义务,都应该积极主动地了解国家安全相关知识,并积极践行总体国家安全观。通过高校网络思政安全教育,能够用学生喜闻乐见的方式对学生进行国家安全教育,并将国家安全教育与爱国主义教育有机结合起来,激发学生将爱国情、强国志运用到实际的学习和生活中,积极主动地学习国家安全知识,了解更多典型案例、正确做法以及相关法律法规,增强学生国家安全知识水平,更加深入地理解国家安全的重要性,提升大学生保护国家安全的责任感和使命感。

二、有助于学生培养国家安全意识，规范学生日常行为

高校学生生活在学校的象牙塔中，还未真正意义上地进入社会，生活环境大多相对简单、和平、稳定，这种平静的生活使得高校学生容易忽略不安定、不安全的因素，导致国家安全意识相对淡薄，对危害国家安全的情况较为不敏感，尤其是对于西方敌对势力的错误思想渗透、通过文化输入等方式危害国家安全等行为，高校学生大多难以发觉，警惕性较弱，很容易被别有用心的人利用，危害国家安全。

高校通过网络思想政治安全教育，能够使学生了解到当前社会存在的不稳定、不安全的因素，了解到曾经发生过的案例，使学生明白，危害国家安全的事件可能就发生在每一个人的身边，必须要加强警惕，时刻做好与危害国家安全的因素作斗争，保护国家安全。

通过在日常的网络思想政治教育中融入国家安全相关的内容，将国家安全知识以学生喜闻乐见的方式传输给高校学子，通过多种形式使国家安全知识深入学生内心，使国家安全意识扎根学生头脑，以"润物细无声"的方式切实提高高校学生的国家安全意识，发挥思想的先导作用，内化于心，外化于行，提升自身敏感度、规范自身行为，并向身边人普及国家安全知识，使国家安全意识深入更多人的内心，使保护国家安全成为更多人的行为自觉。

三、有助于丰富网络思政教育内容，提升网络育人效果

移动互联网时代，高校学生获取信息的方式发生了巨大改变，获取信息的渠道也更加丰富，因此，在新形势下，将国家安全内容融入网络思想政治教育的过程，不仅有助于学生掌握国家安全知识、提高国家安全意识，同时也可以丰富网络思政的内容、巩固网络思政的权威性、掌握网络思政的话语权，使网络思想政治教育内容和体系更加完善、更有实效。

首先，加强和改善网络思政安全教育，有助于丰富网络思想政治教育的内容。由于网络思想政治教育出现时间较晚，在教育内容、教育方法、教育体系上仍不够完善，正在实践中不断探索和发展。将国家安全

教育内容注入网络思想政治教育中,能够丰富其内容,完善网络思政教育体系,使网络思想政治教育的内容覆盖面更广、作用力更大、实效性更强。

其次,加强和改善网络思政安全教育,有助于巩固网络思想政治教育的权威性。在网络思政内容中注入国家安全相关内容,以总体国家安全观为主线,将宏观性的要求分领域阐述,遵循教育教学规律,将总体国家安全观核心要义具体化,细化为可理解、可实施的学习内容与要求,有助于在纷繁混杂的信息洪流中为学生提供正确的内容、意见导向和认知框架,能够引发社会共性的思想导向,使持有不同意见的学生渐渐向主流想法聚合,形成单一的权威观点,并使学生认可该观点,从而巩固网络思政的权威性。

最后,加强和改善网络思政安全教育,有助于掌握网络思想政治教育的话语权。互联网的快速发展使得主流意识形态的话语权受到巨大挑战。只有掌握话语权,主流意识形态才能在海量的信息流中拥有主动权,把握舆论导向,增强引导公众思想的能力。通过多种网络思政手段,将国家安全教育内容在恰当的时机、以学生容易接受的方式发布,从而引起学生的关注和讨论,并通过多种媒介持续、反复强调该内容的方式,使学生对国家安全更加重视、更感兴趣,对网络思政的平台也更加认可和信任,使网络思政掌握更多话语权。

第二节　网络安全教育的主要内容

高校在开展网络思想政治安全教育的过程中,会根据国家和社会发展的现状,针对学生的思想实际,精心选择和设计教育内容。这些教育内容带有较强的价值引导性,并被教育主体有目的、有计划、有组织地传输给教育对象,从而提升高校学生的国家安全意识、丰富高校学生的国家安全知识、增强高校学生的爱国主义情怀,从思想源头上筑牢国家安全屏障。

一般来说,高校网络思政安全教育主要包括国家安全观教育、政治观教育、法治观教育、道德观教育和实践观教育。这些教育内容相互联系、相互作用、相互支撑，是提高高校学生国家安全意识的相辅相成的一个有机整体。

一、安全观教育

国家安全，人人有责。国家安全是一个国家安身立命的底线，是在每一个公民心里高高筑起的"防火墙"和"警戒线"。高校学生作为祖国的未来、民族的希望，应该主动关注国家安全，树立正确的国家安全观。因此，在高校网络思想政治教育中，安全观教育便成为重要的教育内容之一。

将国家总体安全观内容融入高校网络思想政治教育中，有助于培养学生树立正确的国家安全意识。国家总体安全观是习近平总书记2014年在国安委第一次会议上正式提出的概念，是马克思主义中国化最新的理论成果之一，是一个系统、全面、客观的知识体系，从多层次、多角度阐释了国家安全，是一个综合且全面的概念。从内容构成上来看，涉及政治安全、国土安全、军事安全、经济安全等16个方面的基本内容，其中不仅包括传统安全，还涵盖了非传统安全问题。近年来，以习近平总书记为核心的党中央多次提及总体国家安全观的重要性，将国家总体安全观融入高校网络思政教育日常，使其成为高校网络思政安全教育的重要内容，有助于提升高校大学生对国家安全的了解，使其能够自觉、主动地维护国家安全。

二、政治观教育

在高校网络思政安全教育中，政治观教育是核心。通过行之有效的政治观教育，高校学生能够了解我国基本国情，了解并认同党的基本理论、基本路线和基本纲领，支持党的各项决定，树立正确的政治观，能够使高校学生在大是大非面前保持清醒，更加热爱伟大祖国，维护国家安全。具体来说，主要涵盖以下三方面内容。

一是基本国情教育。在网络思想政治教育过程中，教育者将我国的基本国情传输给高校大学生，使其客观地了解我国的实际情况，掌握我国现阶段社会的主要矛盾，并了解我国取得的成绩和面临的挑战，使学生能够根据自身学科特点,为祖国的发展贡献自身力量。

二是党的基本思想教育。在网络思政教育内容中,很重要的一部分便是学习马克思列宁主义、毛泽东思想、邓小平理论、"三个代表"重要思想、科学发展观和习近平新时代中国特色社会主义思想。同时,引导学生学习我国在不同时期坚持的基本路线和基本纲领,使学生对中国共产党的基本思想高度认同,更加热爱伟大政党。

三是爱国主义教育。要想让高校学生自觉维护国家安全,必须使其坚定热爱伟大祖国的信念和决心,自觉扛起实现中华民族伟大复兴的担当。爱国主义是民族精神的核心,是个人对国家、对民族、对文化、对理念的高度认同和自觉维护。在高校网络思政安全教育中,激发高校学生的爱国热情,使其增强国家安全意识并维护国家安全,是必不可少的中心内容,也是培养德智体美劳全面发展的社会主义建设者和接班人的必然要求。

三、法治观教育

在高校网络思政安全教育内容中,法治观教育是必不可少的重要模块。通过向高校学生普及《中华人民共和国国家安全法》《反间谍法》等法律知识,以国家安全作为逻辑起点,引导高校学生掌握国家安全相关法律知识,教育高校学生熟悉国家安全法律制度体系,强化高校学生自觉维护国家安全的意识,引导高校学生积极履行维护国家安全的法律义务,提高高校学生遵纪守法、保守国家秘密的法律意识,引导高校学生形成总体国家安全法治思维方式。

根据国家总体安全观范畴,国家安全不仅包括传统安全,还包括了非传统安全,同时,随着社会的发展和时代的进步,内容还在不断的丰富中。所以,对于高校学生,不仅有普遍性要求,也有特殊性要求。所以,我国高校在进行网络思政安全教育时,会以"课程思政"为依托,把国家安全法治教育内容有机融入各学科课程教学中,把安全法治素养与专业相结合,"专业课程""国家安全法治教育"便也成为高校网络思政安全教育的重要内容。

四、实践观教育

高校网络思政安全教育是源于实践并指导实践的,它既源于实践、又是实践的产物。实践观教育作为其中的重要内容,是帮助高校学生在日常的生活学习中提高国家安全意识、拥有保护国家安全的能力的重要一环。

一方面,实践观教育利用发生过的真实案例,使高校学生能够认识到国家安全与每一个人都息息相关,危害国家安全的因素也潜伏在每个人的身边,从而提高高校学生的安全意识,主动排除身边的风险和隐患。另一方面,实践观教育通过促使高校学生将网络上接收到的国家安全知识、相关法律知识和爱国主义情怀外化于行,使其将国家安全意识转化为自觉维护国家安全的行为,将思想转化为实际行动,发奋学习,认真学好科学知识,力求在各自工作岗位上建功立业,全身心投入到中华民族伟大复兴的奋斗征程中,切实用行动维护国家安全。

第三节 外部势力网络渗透方式

当前,世界正处于百年未有之大变局,对网络话语权争夺的斗争愈发激烈。敌对势力善于借助网络载体,不断将错误的世界观和价值观输入我国,通过各种文化载体,对高校学生实施舆论渗透。当前,敌对势力网络舆论渗透方式趋于多样化和复杂化,披着形形色色的外衣,手段极其隐蔽,往往难以发现,这对高校的防范措施提出了更高的要求。

近年来,敌对势力对我国高校学生进行网络舆论渗透的方式发生了一些新的变化,除了原来的西化和分化外,还通过一些新的手法和方式,企图让高校学生弱化理想信念、淡化意识形态、质疑共产主义远大理想、怀疑马克思理论的正确性。

一、造谣散布谣言,扭曲事实真相

一些外部势力通常会通过造谣污蔑、借题发挥等方式散布谣言,往往通过扭曲事实真相的方式,丑化我国的形象、污蔑我们,使高校学生对国家带来质疑。

第一种方式是造谣污蔑。会通过各种方式、在各种场合、利用各种手段对中国进行肆意抹黑、造谣污蔑,其中不乏对中国偏见之词。尤其是西方的部分媒体记者,往往言辞偏激,在报道中不公平公正,报道与事实存在偏差,颠倒黑白、混淆视听,披着各式各样的外衣,实则是为了渗透西方的思想和意识形态,通过歪曲事实引导网络舆论。

第二种方式是借题发挥。敌对分子往往会刻意抓住党内少数人员的工作失误借题发挥,丑化中国的形象、扭曲党员干部的形象,企图通过此种方式降低高校学生对国家的信任感、认同感。还有的在中国反腐败斗争的过程中抓住部分腐败分子的错误行为不放,或把我国改革过程中的政治、经济、社会等方面出现的问题无限放大,小题大做,借题发挥地将问题不断扩大,通过网络舆论破坏党在高校学生心中的伟大形象。

二、设置错误议题,引导舆论导向

一些外部势力往往通过精心设置具有错误价值导向的议题,在多元化的价值观下,制造出负面的网络环境,将错误思潮传输给高校学子,对其思想进行破坏和扭曲,导致网络舆论环境沿着错误方向发展,不断弱化我国主流意识形态对群众思想的主导性,削弱国家对舆论环境的掌控力。

这种议题设置往往十分隐蔽,传播手段也较为多样化,例如:贴吧、微博、微信群等,往往难以轻易被察觉。同时,敌对势力在设置议题和传播议题时,还会运用多种形式增强议题的感染性,引发群众的关注和讨论,他们往往会针对高校学生的年龄阶段、语言风格、行为习惯、心理特点、现实状况等多个方面,紧扣高校学生关注的热点内容,有目的地引导高校学生的思想,不断渗透错误的网络舆论内容。

在网络时代,高校大学生的交往形式和生活方式发生了极大的变化，他们渴望知识，但又舍不得付出时间与精力，使得"快餐文化""碎片文化"备受欢迎。但碎片化的生活方式会使大学生获取信息片面、零散、肤浅，这也很容易让历史虚无主义等错误思潮钻了空子，通过网络轻易渗透错误舆论，严重影响高校学生的思想，导致党和国家的权威性和影响力被弱化。

三、输出文化产品，动摇思想信念

当前，敌对势力通常会利用各种网络媒介进行价值观的传输，通过电视、广播、影视作品、报刊杂志、书籍等载体，以极其隐蔽的方式进行政治理论、价值导向和意识形态的输入，甚至会披着学术的外衣、以知识为载体进行刻意的歪曲解读和评论，竭力争夺话语权、提高其影响力。

敌对势力对我国高校学生的文化输出始终没有放松，尤其是互联网时代，为他们输出和宣扬其价值理念和意识形态提供了更加便利和自由的载体。

一方面，敌对势力会通过鼓吹自身文化的地位、历史、未来发展等方式，使我国高校学生在文化上产生崇洋媚外的心理，认为文化有优劣之分，并对本国文化产生了怀疑，甚至产生否定情绪，从而改变高校学生的价值取向，使其开始抵触中国的生活方式和意识形态，认为国外的才是好的，甚至对马克思主义、中国特色社会主义思想、共产主义理想产生迷茫、动摇的心理，尤其是对社会主义价值观的主导力和权威性构成了严重的威胁。

另一方面，敌对势力会利用文化渗透，推行所谓的"普世价值观""历史虚无主义""新自由主义"等错误思潮，使文化产品成为其大规模输出意识形态、生活方式、思维模式的载体和工具，通过文化渗透的方式大力宣扬享乐主义、拜金主义等错误的价值观念。同时，敌对势力还会打着学术研究的旗号，对历史进行错误的解读或过度解读，往往会通过恶意抹黑中国的历史人物，或抓住其失误不放，全盘否定历史，破坏我国高校学生的精神支柱和爱国情怀，企图瓦解高校学生的文化自信。

四、传播错误思想，淡化意识形态

意识形态是一个国家生存的根和魂。我国作为一个社会主义国家，必须牢牢坚持马克思主义，毫不动摇地走中国特色社会主义道路。在我国，对马克思主义的信仰、对中国特色社会主义的信念、对实现中华民族伟大复兴的信心是走正确发展道路的关键。

然而，部分敌对势力却不断歪曲事实，引导网络舆论方向，大力宣扬"马克思主义过时论""马克思主义边缘化"等错误思想，通过各种手段、各种论调对马克思主义进行歪曲，否定马克思主义的科学性和合理性，甚至宣扬要"淡化意识形态"、接受"多元化的意识形态"等，企图通过这种方式削弱马克思主义的地位。

通常，敌对势力会刻意截取马克思主义理论的片段，断章取义地歪曲其本来意思，并添油加醋地进行错误的解读，使高校学生对马克思主义产生质疑。例如：某网友在贴吧上提出，马克思本人曾说"我不是马克思主义者"，通过这句话抨击马克思主义，认为马克思否定了自身的思想和理论，但结合原著和当时的语境就会发现，马克思当时这句话是一句"反讽"的预期，因为当时一些所谓进步之人，打着马克思主义的旗号，却做着反马克思主义的事情，马克思对此十分反感，故有此言论。然而，这句话却被别有用心的敌对势力利用，大肆曲解其本来意思，企图动摇马克思主义在高校学生心中的地位。

同时，敌对势力还会通过所谓的"网红""专家"等名人，利用名人效应，大力鼓吹"资本主义与社会主义并存"、资产阶级自由化等思想，并引导高校学生放弃马克思主义在意识形态领域的主导地位，导致高校学生陷入历史虚无主义、新自由主义的迷局，从而迷失理想信念。

第四节　安全教育的方法

高校网络安全教育的方法是指高校的教育者为提升学生安全的意识和能力，在网络思想政治教育活动中所采取的各种方式和手段，包括思想方法和工作方法,使学生更加深入地了解国家安全知识、增强爱国主义情怀、提高抵御风险的能力,成为国家安全的守护者和生力军。

当前,我国高校已经开始意识到网络安全教育的重要性,并在实践中采用了多样、形式新颖的方法和手段进行教育,在教育部组织研制的《大中小学国家安全教育指导纲要》中,明确了学校必须要通过多种途径开展国家安全教育。这对提升我国思想政治教育的引导力起到了重要作用。

一、理论教育法

理论教育法又称理论灌输法,是指高校在进行网络思想政治教育时,教育者有目的、有计划、有组织地向受教育者进行国家安全教育,引导受教育者了解更多的国家安全知识、培养更强的国家安全防范意识,树立正确的世界观、人生观、价值观的方法,主要包括理论讲授、理论学习、理论培训、理论研讨、理论宣传等具体形式。

一是开设专题网络课程。当前我国各大高校已把国家安全教育纳入学校人才培养整体布局,并积极发挥网络思政的作用,通过网络开设不同内容、不同层次的国家安全教育必修课和选修课,构建国家安全教育课程体系。各大高校通过中国大学生在线、易班网等平台开设国家安全教育公共基础课,同时,根据本校实际开设了网络地方课程和网络校本课程。通过开设专题网络课程,进行理论知识的传输,拓宽高校学生进行理论学习的途径,使学生获取国家安全相关知识的成本更低、更加便捷。

二是进行网络理论研讨。通过组织国家安全专题理论研讨,使高校学生在讨论中学到更多国家安全知识、了解更多国家安全案例,从而增强高校学生对国家安全防范的意识和能力。在交流和研讨的过程中,学生们能够更加深刻地了解到国家面临的风险和挑战,深深明白"国家安全、人人有责",感受到作为青年学生自己肩上对于国家安全的责任和使命,加深爱国主义情怀。

二、设置议题法

设置议题法是高校通过网络进行意识形态安全教育中的一个重要方法,其理论源头是传播学中的议题设置理论。根据议题设置理论,在网络对某些议题的着重强调和这些议题在公众中受重视的程度构成强烈的正比关系。换言之,在网络上越突出某一事件,多次、大量地报道某一事件,就会使人们突出地议论这一话题。

高校通过在网络上设置国家安全相关的议题,能够有效地引起学生对国家安全的关注和学习,能够有效提升对学生的引导力,有助于高校在意识形态的教育中掌握话语权、增强主导性、提高针对性、巩固权威性,更精准地引导学生思想,从而影响其行为。

首先,高校设置国家安全相关议题有助于引导学生主动关注。高校通过集中、反复、突出地强调国家安全,引导学生的注意力和重视程度。学生会在不知不觉中,根据学校网络上对国家安全提到的频次、数量和力度,对国家安全产生内生兴趣,主动关注国家安全话题,提高对国家安全的重视程度。

其次,高校设置国家安全相关议题有助于引导学生如何学习国家安全、学习什么内容。高校在将国家安全相关知识设置成议题时所选取的角度、所遴选的措辞会影响学生看待国家安全的观点。为了让学生形成对国家安全的正确看法,高校在网络上进行集中报道时,应当有意识地引导学生如何学习、学习什么,从而引导学生间学习国家安全的氛围朝着预期的方向发展。

三、意见领袖法

高校通过网络进行国家安全教育时,可以采取"意见领袖法",充分发挥"意见领袖"的作用。所谓"意见领袖法",是指通过高校中的部分影响力较强的老师和学生,充分借助其能够左右多数人态度倾向的能力,使其成为高校国家安全教育的重要力量。高校在实践中可以形成系统的"教师意见领袖"和"学生意见领袖"培养机制,确保能够让他们在网络安全教育中充分发挥作用。

首先,要充分发挥"意见领袖"在网络安全教育中的思想引领作用。在网络安全教育的过程中,应让意见领袖积极参与其中,时刻关注学生讨论的趋势,若发现讨论方向偏离正轨,应及时发声,确保导向正确。

其次,应充分发挥"意见领袖"在网络安全教育中的传播扩散作用。意见领袖往往能够较快地掌握一手信息,然后及时对信息进行二次解读或评价,再将处理过的信息传达给学生。由于其在学生中有较高的传播力和影响力,这些被处理过的信息能够较快在学生间扩散,引发讨论,达到提升学生国家安全能力和水平的目的。

一般来说,国家安全教育教师意见领袖一般从专家教授、宣传思想工作骨干、国家安全专职人员等群体中培养产生;学生意见领袖一般通过各级学生组织培养。权威的意见领袖能够在最合适的时间、通过最合理的手段发布国家安全相关信息,对学生关注的国家安全热点话题发表意见,对国家安全突发事件及时回应,引导学生思想、规范学生行为、激发学生讨论,从而增强学生的国家安全能力,培养学生正确的国家安全意识。

四、氛围营造法

高校在网络思政教育的过程中,可以通过氛围营造法打造"人人关注国家安全"的校园文化,通过举办校园文化活动等方式进行国家安全教育宣传,从而在传播、宣传、推广国家安全教育的过程中发挥积极作用,引导学生对国家安全应知尽知。

首先,高校在进行网络思政安全教育时,要尤为注重国家安全相关重大事件的纪念日、纪念年,恰逢其时地开展国家安全教育活动,增进高校学生对国家安全的重视和关注。

其次,高校在进行网络思政安全教育时,要关注近期的社会问题,将国家安全教育内容与社会问题相结合,巧妙地开展国家安全主题教育。由于当今社会信息高度发达,高校学生对互联网、信息技术和电子设备的应用熟练度很高,往往能够快速捕捉近期发生的重大事件。为了引导高校学生对社会热点事件形成正确的认知,同时在社会热点事件中增强对国家安全的了解程度,高校在进行国家安全教育时应当迅速果断,把握教育的黄金时间,营造热烈的学习和讨论氛围,提高国家安全教育的效果。

　　最后,高校在进行网络思政安全教育时,要抢占舆论高地,精准设置议题,把握进行国家安全教育的最好时间点。当今学生获取信息、了解社会各界观点的渠道较为丰富,且获取信息十分容易,能够快速接触到各方的观点和思路。在这样的背景下,若高校思想政治教育主体未能及时发声、抢占舆论高地,则有可能被错误的观点抢占先机,先入为主地在学生的头脑中产生负面思想。因此,教育者必须要注意时效性,密切关注近期国家安全的话题和事例,用专业、正确的观点进行分析,并在最适合的时机传达给学生,营造良好氛围,发布权威意见,使学生对国家安全形成正确的认知。同时,可通过置顶、有奖讨论等多种方式吸引学生眼球。

参考文献

[1]习近平.加快推动媒体融合发展构建全媒体传播格局[J].求是,2019(6):4-8.

[2]习近平.坚持军报姓党坚持强军为本坚持创新为要为实现中国梦强军梦提供思想舆论支持[N].人民日报,2015,12(27):01.

[3]第47次中国互联网发展状况统计报告[R].中华人民共和国国家互联网信息办公室,2021.

[4]潘晓荣.对新媒体语境下"纪录片热"的思考与探索[J].现代视听,2013,04:62-65.

[5]刘舒慧.新媒体对文化传播力的影响与提升作用探讨[J].才智,2017(17).

[6]汪玉娣.新媒体平台对文化传播力的负面影响及价值塑造——以抖音短视频平台为例[J].黑河学院学报,2019,10(06):202-204.

[7]胡跃东.新媒体对文化传播力的影响分析[J].新闻研究导刊,2017(20).

[8]邹振东,千里.弱传播:舆论世界的哲学[J].城市党报研究,2019(12):55.

[9]朱诚蕾,骆郁廷.论网络思想政治教育话语魅力的生成.思想教育研究,2020(9).

[10]邹振东,千里.弱传播:舆论世界的哲学[J].城市党报研究,2019(12):55.

[11]李晓培."自媒体"时代下高校"文化育人"的范式危机及其重建[J].高教探索,2015(03):21-26.

[12]方中政.自媒体网络背景下的高校校园文化安全[J].辽宁医学院学报(社会科学版),2016,14(02):87-89.

[13]郭潇.高校校园网络文化对大学生思想政治教育影响研究[D].

淮北师范大学,2019.

[14]韩东君.移动新媒体平台内容及用户行为研究[D].北京邮电大学,2018.

[15]李沁.智慧生存与沉浸传播——《沉浸传播:第三媒介时代的传播范式》[M].北京:清华大学出版社,2013.

[16]敖永春,代金平,魏钢.网络文化建设导向研究[M].北京:人民出版社,2019.

[17]唐亚阳.高校网络文化研究[M].长沙:湖南人民出版社,2011.

[18]潘强,许钟元,刘旭.高校网络思想政治教育生态系统构建研究[M].北京:中央编译出版社,2019.

[19]刘志强.新时代高校网络文化建设策略研究与创新探索[M].长春:吉林人民出版社,2018.

[20][日]内川美芳等编纂.媒体用语词典[M].日本:东洋经济新报社,1982.

[21]Shaohua Huang,The basic issues of network sociology,Zhejiang University press,First Edition,pp.120,August 2013.

[22]Zaixing Zhang,et al,Research on Network Ideological and Political Education,Economic Science Press,pp.376,2009.

[23]Yujin Guo,Huan Wang edited,Sociology of network,Renmin University of China press,Second Edition,pp.80,May 2010.

[24]China Internet Network Information Center,2014 China Youth Internet Behavior Research Report,http://www.cnnic.net.cn/hlwfzyj/hlwxzbg,pp.30,February 2015.

[25]NanLin and Peiting Wu,Analysis of fragmentation in the new media age,Journal of Guangxi Normal University (Philosophy and Social Sciences Edition),August 2014.

[26]China Internet Network Information Center,2014 China Youth Internet Behavior Research Report,http://www.cnnic.net.cn/hlwfzyj/hlwxzbg,pp.31,February 2015.

[27]Peng Liua,The Analysis of College Students Network Behavior and Education Enlightenment,2015 5th International Conference on Applied Social Science(ICASS 2015).

后 记

在内容为王的互联网时代,如何激发广大师生生产创作优秀网络文化作品的内在驱动力,推出一系列"叫好又叫座"的网络文化作品,是当下高校网络育人工作的难题。习近平总书记在全国网络安全和信息化工作会议上强调:"要加强网上正面宣传,旗帜鲜明坚持正确政治方向、舆论导向、价值取向。"对于高校优秀网络文化作品的创作生产,需要从根源把握,从源头上深化高校优秀网络文化作品的思想内涵。网络文化作品的创作始于创作者和创作题材,只有创作者有充分的思想认识和正确的价值取向,才能从根源上把握住作品的立意和方向;也只有符合社会主义核心价值观的题材才能反映社会主义先进文化的时代价值,形成真正有感染力和影响力的作品。高校需要通过选拔、培训、交流、激励等途径着力培育建设一支高素质强有力的网络文化作品创作队伍,使其熟悉新时代网络基本规律和特性,掌握新媒体话语权,具备一定的理论水平、网络嗅觉和舆论引导力,能以社会主义核心价值观为引领开展文化创作。同时,也需要从作品题材和内容入手,以史为基,以实为本,深度挖掘各类创作主题和文化资源,在进一步扩大网络文化作品选题范围和取材角度的同时,坚守作品的创作底线和方向,传播主流价值观,弘扬社会正能量。

本书得到海南省高校思想政治工作中青年骨干队伍建设项目专项经费和国家社科基金思政课专项《新时代高校网络思想政治工作体系创新研究》(项目编号 20VSZ130)资助,本书编写过程得到海南省教育厅党委办(思政处)、海南大学学生工作部的大力支持,得到海南大学学工队伍的大力支持。本书第一章由范启标编写,第二章由王文峰、范启标合编,第三章由李志强编写,第四章由林琛、谢辉强合编,第五章由符琼月编写,第六章由贺加贝编写,第七章由张萌编写。全书由范启标、林琛统稿,在此致以崇高的敬意。

　　由于编者水平与经验有限,书中疏漏和不足之处在所难免,恳请广大读者和同仁予以批评指正。

本书编写组

2021 年 12 月